U0962251

国外当代教育研究译丛

精准教学系列

主　编　盛群力　肖龙海
副主编　冯建超

# 区分异同：
## 深度理解的方法

QUFEN YITONG：
SHENDU LIJIE DE FANGFA

[美] 康妮・斯科尔斯・韦斯特　罗伯特・J. 马扎诺　著
凯茜・马克斯　彭妮・L. 塞尔　协编
王伟　译　　冯建超　校

中原出版传媒集团
中原传媒股份公司
大象出版社
・郑州・

**图书在版编目(CIP)数据**

区分异同:深度理解的方法/(美)康妮·斯科尔斯·韦斯特,(美)罗伯特·J.马扎诺著;王伟译.—郑州:大象出版社,2018.11
(国外当代教育研究译丛.精准教学系列)
ISBN 978-7-5347-9974-7

Ⅰ.①区… Ⅱ.①康… ②罗… ③王… Ⅲ.①课堂教学—教学设计 Ⅳ.①G424.21

中国版本图书馆 CIP 数据核字(2018)第 249986 号



**著作权专有许可合同备案号:豫著许可备字**-2018-A-0087

**出 版 人** 王刘纯
**责任编辑** 张 欣 张 阳
**责任校对** 李婧慧
**装帧设计** 张 帆

**出版发行** 大象出版社(郑州市开元路 16 号 邮政编码 450044)
发行科 0371-63863551 总编室 0371-65597936
**网 址** www.daxiang.cn
**印 刷** 河南新华印刷集团有限公司
**经 销** 各地新华书店经销
**开 本** 787mm×1092mm 1/16
**印 张** 7.5
**字 数** 98 千字
**版 次** 2018 年 11 月第 1 版 2018 年 11 月第 1 次印刷
**定 价** 18.50 元
若发现印、装质量问题,影响阅读,请与承印厂联系调换。
印厂地址 郑州市经五路 12 号
邮政编码 450002 电话 0371-65957865

浙江省卓越教师培养协同创新中心
2017—2018 年度重点项目“教师教学设计应用模式研究”成果

浙江传媒学院教师教学发展中心合作成果

## 精准教学系列

“精准教学系列”（The Essentials for Achieving Rigor Series）这套教学指导书有助于教育工作者在实施、监控和适应教学方面做到得心应手。本系列采用了日常示例作为课堂应用的范例，使之具有即时的实践效果。

《确定关键内容：把握重点的方法》

《言之有理：提出与辩护主张的方法》

《记录与表征知识：准确组织与总结内容的方法》

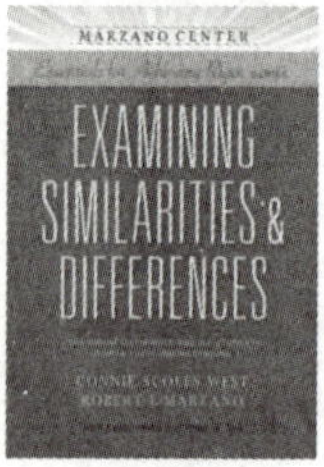


《区分异同：深度理解的方法》

《加工新知：参与学习的方法》

《梳理知识：检查深度理解的方法》

《编制与使用学习目标和表现量规：教师如何作出最佳教学决策》

《参与综合认知任务：跨学科提出与检验假设的方法》

《操练技能、策略与过程：熟能生巧的方法》

《组织学习活动：小组互动方法》

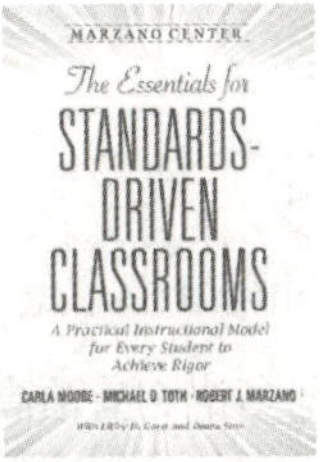


《标准驱动的课堂：精准教学的实践模式》

# 致　谢

国际学习科学组织（Learning Sciences International）感谢以下审稿人的帮助：

克里斯蒂·邦迪
（Kristi Bundy）
内布拉斯加州，亚士兰城，亚士兰城绿林公立学校，2014 年内布拉斯加州年度优秀教师

杰米·曼克
（Jamie Manker）
密苏里州，芬顿，罗克伍德高级中学，2014 年密苏里州年度优秀教师

珍妮·迪芮妮·卡尔南
（Jennie Dearani Calnan）
新罕布什尔州，斯温西，蒙纳德诺克地区学校，2014 年新罕布什尔州年度优秀教师、地区文化教育计划协调员、阅读专家

芭芭拉·罗莎琳
（Barbara Rosolino）
佐治亚州，麦克多诺，鹰领高级中学，2013 年度佐治亚州年度优秀教师

莫林·卢克
（Maureen Look）
威斯康星州，密尔沃基，2011 年威斯康星州年度优秀教师、八年级科学与工程教育者

特蕾西·瓦根费尔德
（Tracie Wagenfeld）
缅因州，桑福德，威拉德学校，2014 年缅因州年度优秀教师、五年级教师

# 献　词

感谢国际学习科学组织的同人们，他们为我提供了大量指导和机会。尤其要感谢迈克尔·托特（Michael Toth）、布莱恩·托特（Bryan Toth）和贝弗利·卡布（Beverly Carbaugh），以及一直不断给予我帮助和支持的工作伙伴们。

此外，我还要感谢参与本项研究的学校行政管理人员和老师，他们都来自美国的优秀学校，并贡献了诸多创意和案例。最后，感谢我的丈夫保罗·韦斯特（Paul West），他是一位优秀的丈夫，也是一位优秀的老师，感谢他一直以来的耐心聆听、分享、回应和恒久的支持。

——康妮·斯科尔斯·韦斯特（Connie Scoles West）

# 作者简介

康妮·斯科尔斯·韦斯特（CONNIE SCOLES WEST），俄亥俄州牛津市迈阿密大学教育学学士、教育硕士。曾担任辛辛那提、俄亥俄州 K–12 教师和管理者，2012 年加入国际学习科学组织成为独立开发人员。她为开发工作带来了多年跨领域领导工作经验与专业知识，包括天才教育、学生辅导、教学指导、学校发展、课程、教师专业发展和评价等。另外，她多次参加学术研讨会，报告主题主要围绕语文、数学、学生辅导以及课程与教学等方面。

罗伯特·J. 马扎诺（ROBERT J. MARZANO），博士，马扎诺研究实验室首席执行官，学习科学马扎诺中心教师和领导评估执行主任。作为教育研究的先驱者，他是一名演说家、培训师和作家，发表论文 150 多篇，涉及教学、评估、写作及实施标准、认知、有效领导和学校干预等。撰写著作 30 多部，包括《教学的艺术与科学》（ASCD，2007）和《差异化教师评估》（ASCD，2013）。

凯思琳·马克斯（KATHLEEN MARX），教育学硕士（教育领导、学校咨询双硕士），跨行业个人发展指导专家。在国际学习科学组织工作期间，协助过许多学校成功进行深化改革。

彭妮·L. 塞尔（PENNY L.SELL），教育学硕士，在公共教育领域有 30 多年的工作经历，担任过教师、教学主管、培训师和咨询师等多个职务。她在中密歇根大学获得了特殊教育专业硕士学位，在中佛罗里达大学获得了教育领导学学士学位。

# 目　录

# 引 言

《区分异同：深度理解的方法》旨在帮助学生运用区分异同加深对知识的理解，你可以将本书用作改进教学实践策略的参考资料。

本书可以为教师提供基于实证研究的教学策略（如马扎诺教学框架中所涉及的），来改善教学实践。本书还可以帮助教师在课堂上实施精准的教学策略，使学生达到各类标准的要求，如《共同核心国家标准》（*the Common Core State Standards*）、《新一代科学教育标准》（*Next Generation Science Standards*）、《社会研究国家标准 C3 框架》（*C3 Framework for Social Studies State Standards*）、基于或受《大学与职业准备锚定标准》（*College and Career Readiness Anchor Standards*）或受其影响而制定的各州立标准。

本书可以帮助所有年级和学科的教师提高运用“区分异同”这一教学策略的能力。聚焦区分异同这一技能，你将能专注于该教学策略的细微之处并细致地作出改进，并进一步在具体教学实践中有意识地规划、实施、监控、调适、反思这一策略。正像马扎诺和托特（Marzano & Toth，2013）所说，一个想成为专家的人会有其独特的策略。

◇把教师专业发展所需的特定技能加以具体分解。

◇专注于在实践或日常活动中改进特定的关键技能模块（而非简单的任务）。

◇获得即时、具体和可操作的反馈，特别是从更有经验的教练那里得到评价。

◇在更具挑战性的水平上，不断练习每个关键技能直到掌握。对已经掌握的技能则尽量减少时间投入。

“精准教学系列”就是基于上述方法，专注于分解教师专业成长所需的特定技能，提供日常的实用建议，以帮助教师更得心应手地运用这些技能。

## 基于马扎诺教学模式

“精准教学系列”基于“马扎诺教学框架”（Marzano Instructional Framework），即以研究为基础，为教育工作者提供将教学实践与学生学业成就联系起来所需的工具。本系列使用了马扎诺教学模式（Marzano Model of Instruction）的关键术语，见关键术语表。

关键术语表

| 术语 | 定义 |
| --- | --- |
| 《共同核心国家标准》（CCSS） | 《共同核心国家标准》是由共同核心国家标准计划（CCSSI）开发的标准文件的正式名称，其目的是为美国学生的大学深造和职业生涯做好准备 |
| 《大学与职业准备锚定标准》（CCR） | 《大学与职业准备锚定标准》是一个较为宽泛的说明，包含针对各年级和特定内容领域的具体标准 |
| 预期结果（Desired result） | 由于实施一项具体策略而对学生提出的预期结果 |
| 监控（Monitoring） | 在实施具体策略时，检查学生是否达成预期结果的行为 |
| 教学策略（Instructional strategy） | 已经证实的、在课堂教学中较可能提高学业成就的一类方法 |
| 教学方法（Instructional technique） | 用于使学生掌握和深入理解知识和技能的方法 |
| 内容（Content） | 学生达到标准要求所需的知识和技能 |
| 支架（Scaffolding） | 有针对性地提供支持，从而使认知复杂性和学生自主性达到精准目标 |
| 拓展（Extending） | 将已经表现出预期结果的学生提升到更高理解水平的活动 |

数十年来，教育趋势犹如钟摆一般一直摇摆不定。教育工作者在规范的清单式教案和循序渐进的课程计划之间徘徊，目的都是帮助教师实现教学自主，然而他们在教学科学以及教师的责任方面考虑得非常少。在这些精确解释有效教学的方法中，往往缺少两种做法：（1）预期结果的具体陈述；（2）基于研究的坚实连接。马扎诺教学框架提供了一个全面的系统，详细地说明了什么是教师使用基于研究的教学策略所需要的。从这个坚实的教学基础出发，教师可以将教学的科学与自己独特而又有效的教学风格相结合，这就是教学的艺术。

《区分异同：深度理解的方法》将帮助你成长为高水平的创新型教师，使你能够实施这一策略，并开展支架教学和拓展教学以满足不同层次学生的需求。

## 精准教学系列

“精准教学系列”详细介绍了基本的课堂策略，以支持教学中复杂的转变，这对于所有学生所需的精准教学环境来说是必不可少的。本系列介绍的教学策略对有效地教授《共同核心国家标准》《新一代科学教育标准》或学校所在区、州指定的标准至关重要。这些严格标准需要更深入的理解，运用更有效的策略加以更广泛的实施，从而使学生能够展现出标准所要求的知识和技能。本系列包括适用于所有年级和学科领域的教学方法，还包含针对具体年级的实例，可作为教师在课堂中应用的样例和落脚点。

无论教授哪个年级和学科，熟练运用这些策略对学生掌握《共同核心国家标准》或其他标准来说都至关重要。“精准教学系列”中涵盖的其他教学策略，例如如何做到言之有理和引导学生参与综合认知任务，体现了如何满足严格标准所需的认知复杂性。作为一个系列，这些策略乍看起来似乎有些令人生畏。因此，本系列将在每本书中仅关注一个具体策略。

# 区分异同

本书的主题是区分异同（examining similarities and differences）教学策略。区分异同包含四个独立的认知过程（cognitive processes）：比较（comparing）、分类（classifying）、创造隐喻（creating metaphors）和创造类比（creating analogies）。在教学中，通过直接教授或向学生示范，每个认知过程都可以帮助学生加深对当前知识的理解，还可以加强学生对关键内容的长时记忆和解决问题的能力。我们可以通过《芝麻街》电视节目里的一首歌简单认识这一教学策略，歌中唱道："这些事情的作用互不相同。"这首歌是在说，认知过程对获取知识十分重要，它能够帮助我们确定对象、想法、概念、事件、地点和人物之间的基本关系。

学生一旦能用比较、分类、创造隐喻和类比的方式组织内容，就能在长时记忆中持续地把新学的知识融入先前所学内容中，从而获得新鲜而又更为深刻的知识。本书的目的在于传授特定的方法，让你教授学生如何在重要知识内容中区分异同。

## 如何有效实施区分异同策略

以下六步骤能引导你有效实施区分异同：

1. 用学生能够理解的方式，开发并持续运用区分异同的四个认知过程的定义：（1）比较；（2）分类；（3）创造隐喻；（4）创造类比。

2. 直接教授并有意识地向学生展示这四个认知过程。

3. 针对不同教学内容，熟练教授并向学生展示区分异同所需的心理工具：（1）确定关键属性（identifying critical attributes）；（2）总结（summarizing）；（3）概括（generalizing）。

4. 针对不同教学内容，熟练教授并向学生展示区分异同所需的记录和表征工具：（1）句子主干（sentence stems）；（2）图形组织者（graphic organizers）。

5. 持续聚焦于学生是否掌握关键内容，以此作为区分异同的最终目标。

6. 从扶到放，让学生掌控自己的思维并学习如何区分关键内容的异同。

实施这六步骤的先决条件将在下面的章节中详细介绍。首先，思考一下你对区分异同了解多少。然后，综合所有新的信息拓展和丰富你先前的理解。

### 掌握定义

作为教育者，你一定曾经在学术活动和课堂中不经意地使用这些术语——**比较**、**分类**、**隐喻**和**类比**。然而，为了成功实施区分异同，教师还需要开发学生易于接受的定义。此外，对于教学内容要求、背景知识和学生与认知过程互动的熟练程度，教师还需要有整体的综合认识。

和同事协作编写通用定义时，可以参考以下定义来把握如何实际贯彻。括号内的词是适于年长学生使用的同义词。然而，如果授课对象是小学生，则需要使定义简单而易于接受。

◇**比较**是一种确定事物之间异同的方法（一种认知过程）。

◇**分类**是一种根据事物的特征（属性、性质、特点），将相似的事物归于同一类的方法。

◇**隐喻**是看似不同的两种事物（主题）具有的共同特征（属性）。

◇**类比**是两种相似物（事物、想法、人）的比较。

注意，前两个术语（**比较**和**分类**）是认知过程，而后两个（**隐喻**和**类比**）则是事物间沟通关系的模式。为了在教学内容中创造隐喻和类比，学生必须能够确定异同。还需注意的是，本书中所提及的“**比较**”含有比较和对比的双重含义。

## 直接教授和有目的地示范

如上所述，想要学生能够熟练掌握知识认知加工方法，首先必须直接教授，告诉每位学生认知加工是什么，执行认知过程需要什么样的思维。然后，在示范如何区分异同时，进行出声思考（think aloud），通过示范告知学生应该如何思考。这种类型的示范需要有意识地放慢思考，以便明晰地告诉学生联系的种类、背景知识和所解决的问题，进而弄清楚上下文中的异同。

## 获得熟练使用心理工具区分异同的能力

有效实施区分异同策略时，常用的心理工具有三种：（1）确定关键属性；（2）总结；（3）概括。第一种工具在决定使用比较或分类方法的那一刻起就可以发挥作用。对于比较两个甚至两个以上事物或对两个甚至两个以上的事物进行分类，师生必须首先确定其重要特征或属性，避免在不重要的信息上浪费教学时间。教师还应该在教学常规中经常运用其他两类工具——

总结和概括，总结学生已能确定异同的课程。

## 获得熟练使用记录和表征工具区分异同的能力

作为对心理工具的补充，有两种记录和表征工具，能加强学生理解和记忆关键内容的能力：（1）句干；（2）图形组织者。句干是句子中的骨架，为学生思考提供基本结构参考因素，进而使其能够将合适的答案填入句子中的空白处。句干可用于比较任务，也可用于创造类比和隐喻。图形组织者是另一个表现异同的重要工具，比较和分类各自都有合适的图形组织者样式。

注意，句干与图形组织者这两种工具是通向终点（区分异同）的手段——本身不是目的。句干和图形组织者在本书中将会反复被提及。此外，在附录资源中可以找到许多图形组织者的模板。

## 聚焦内容

不管选择什么方法教授如何区分异同，教师都应该聚焦于教学内容。内容目标经常包括两个方面：**陈述性知识**（信息）和**程序性知识**（技能和过程）。本书阐述的教学策略，在帮助学生深度理解陈述性知识方面最为有效，也可用于澄清学生对相关概念的困惑。区分异同适用于所有学科和各个年级。

当能够更加熟练地运用这一策略时，你会看到学生加工和理解内容的能力得到了明显提升，他们能够独立概括和提炼图式。你可以通过让学生参与运用本书中提到的各种不同的教学方法，来有效实施区分异同这一策略。

## 从扶到放鼓励学生积极思考

你可能会轻易地忽略教师角色的真正含义：一种是假设学生已经做好了准备，能承担完全责任，能独立思考区分异同；另一种是期望学生从黑板上照抄教师笔记、图形组织者，口述让学生知道句干应怎样完成。这两种方式都会极大地破坏和减少学生学习的机会。

教师的以下行为与区分异同策略的实施效果密切相关：

◇确定要区分的关键内容。

◇确定关键内容概念之间的异同。

◇提供学生展示的机会，用语言和非语言表达异同。

◇要求学生总结一节课或一篇文章的学习所得。

◇区分异同后，引导学生概括或得出结论。

◇运用数字资源，找到可信的相关信息支持对异同的区分。

## 常见错误

你在能够更加娴熟地运用这一策略后，需要考虑如何避免常见错误。可能会把教师的教学和学生的学习引向误区的绊脚石包括以下几个方面：

◇教师未能给足时间。教师需要足够的时间直接教授并展示如何区分异同。

◇教师未能促进学生能力发展。学生需要有能力确定与关键内容相关的关键属性。

◇教师未能兼顾学生的背景知识和工作记忆容量。教师不应该让学生用太多的标准比较太多的事物。

◇教师未能要求学生在课后得出结论或进行概括。这是该学习策略的最重要的方面，教师不能忽视。

### 未能给足时间

当学生区分异同时，应该要求他们基于特定标准分析特定主题，以获得新的见解和更深刻的理解。想要做好这点，学生必须首先具备一定的基础知识，对要比较的事物有所了解。如果他们所知甚少，或者仅有表面的基础知识，那么区分异同活动收益将不会很大。总之，在让学生区分异同前，为学生提供足够的时间和学习经验，以理解基础知识。

### 未能考虑学生任务准备情况

尽管增加更多比较的主题、列出更多检测的标准是吸引人的，但是对于提出超越学情的复杂任务还是要谨慎。选择合理数量的主题用来比较（以两到三个为代表），并对每个主题搭配少量的重要参考标准即可。

### 未能考虑学生的背景知识

以教师对主题的了解水平来参照学生的水平是学生准备工作中的一个常见错误。记住，任何高估学生背景知识的课堂必将使师生同时受挫。

### 未能概括结果

区分异同活动的预期结果是让学生获得内容的新见解。期望学生概括和总结收获是课程中的最后一个步骤。没有这一步，学生就无法在课堂内形成深度和长远的认知，无法胜任下一阶段的学习，只能抱着缺憾离开课堂。

## 监控预期结果

教学策略只有在实施后，才能期待有效的教学成果。有效实施这一策略，远不止让学生积极思考、投入活动那么简单，它必须含有监控的措施。有教师会问：学生完成学习任务后，能加深对学习内容的理解吗？我怎样发现这一点？实际上，教师应该考虑一个更专业的问题：教学策略是否实现了预期结果？尤其是区分异同，这一策略的预期结果应该是学生能描述学习内容各个方面的异同，还能阐述新信息或概括活动之后的收获。教师可以通过以下多个途径监控大部分学生是否已经掌握所学：

1. 学生可以创造隐喻或类比来反映对学习内容理解的深度。

2. 学生的比较和分类活动反映对学习内容理解的深度。

3. 学生的行为表明，他们已经能够精确地确定异同，并且通过活动也确实拓展了所学知识。

4. 学生能总结区分异同后他们的发现。

5. 学生能展示证据，用以支撑其对异同的解释。

6. 通过自己的洞察分析，学生能够概括模式或得出结论，并将其运用于新的样例和观点中。

7. 学生能够驾驭数字资源，发现可信的相关信息，用以支持区分异同。

**区分异同**需要深刻而有力的思想，还需要通过探索性问题、评定小组讨论与学生学习质量、密切观察学生等方式监控策略的实施。想办法倾听每个学生的想法，不能将小组的整体回答作为监控个体学习的有效手段。此外，给学生机会在课后重新思考讨论，解释对于重要学习内容如何获得更好的理解。监控学生进行更深入更广泛的理解，这会强化教学效果并最终提升学生的学业水平。

## 开展支架教学和拓展教学满足学生的需求

教师监控策略实施且预期结果良好时，应该知道有的学生不能准确地确定异同或产生新的见解；而有的学生却能轻松展示预期结果。所以，必须调整教学以适应不同学生的需求，具体知识如下。

可为需要支架教学的学生提供以下四种支持策略（Dickson，Collins，Simmons & Kame’enui，1998）：

◇提供来自同伴、助教和其他辅助专职人员的帮助。

◇对教学内容进行难度分级（比如，为同样的学习内容提供更容易理解的阅读材料）。

◇将学习内容切分成更小的模块，使学生容易掌握。

◇为任务的每个步骤都提供图形组织者，帮助学生厘清概念、指导思路。

本书为每个教学方法都提供了支架教学与拓展教学的样例，以满足学生的不同需求。**支架教学**针对认知困难的学生，并且为学生自主学习提供精准支持。**拓展教学**针对学有余力的学生，让他们达到更深层次的理解。这些案例作为建议提供，运用时必须根据学生的需求作出适当调整：对于英语语言学习者、接受特殊教育的学生、缺乏家庭辅导的学生或是仅仅缺课一天的学生，针对他们的需求，灵活运用策略碰撞出学生灵感的火花。拓展活动可以助你为天资卓越、有才华的学生定制教学，满足学生对所教内容的强烈兴趣。

## 教师反思

可用下面的问题来反思自己使用该方法的信心和表现。理想情况下，教师需要相互合作实施区分异同，用反思性问题激起讨论，与同事分享彼此的想法。此外，系统收集学生的课堂反馈以及对教学的看法，对教师意义非凡。不同来源的信息，可以促进教师自我反思并作出专业成长的规划。尝试用以下反思性的问题来指引你。反思性的问题从如何启动实施过程开始，随着问题的深入不断复杂化，最终帮助学生区分异同。

◇在教学中，怎样从某些部分开始，逐渐传授区分异同策略？

◇可用什么方式鼓励学生更加独立地区分异同？

◇用什么方式检查学生是否能准确确定异同？

◇对于独特的学生需求和情况，可以创造和运用什么新方法来确定异同？

◇当你运用或创造新方法时，从学生身上了解到什么？

## 帮助学生确定异同的教学方法

有很多方式可以帮助你的学生，让他们与新知识互动，掌握学习目标或达到年级标准以及教学要求。教师需要根据年级、学习内容和班级构成，选择如何设计、展示区分异同。这些可用于选择的不同方法或选项被称为**教学方法**。以下的章节中，我们将对如何实施这些区分异同的方法进行详细阐述。

◇教学方法 1　运用句干—总结—结构化回答进行对比

◇教学方法 2　运用图形组织者进行对比

◇教学方法 3　运用拣选—匹配—归类进行分类

◇教学方法 4　运用图形组织者进行分类

◇教学方法 5　创造明喻和隐喻进行对比

◇教学方法 6　创造类比进行对比

所有这些方法阐述都有共同的组织方法，包括以下元素：

◇一份简明的方法介绍。

◇几项有效的实施方法。

◇实施时要避免的常见错误。

◇小学和中学课堂的正例和反例，包含有来自不同文本的各种教学目标、教学标准。

◇监控预期结果的方法。

◇开展支架教学和拓展教学的方法，用以满足学生的不同需求。

# 教学方法 1
# 运用句干—总结—结构化回答进行对比

此教学方法提供了两个事物比较的三种方法：（1）句干；（2）总结；（3）结构化回答。句干法对以下学生最为合适：低年级的学生、英文写作经验匮乏的学生、有阅读困难或对内容理解有障碍的学生。第二种方法用总结这一组织者方式达成你对学生的期望。这种方法要求学生比较两个事物后写一句话，用来总结性描述其所确定的两者之间的异同。第三种方法要求学生对提出的问题进行回答。结构化回答需要用一两段文字描述事物的相同点（哪些方面相似）以及不同点（哪些方面不同）。

理想情况下，如果你对所有方法都能够运用自如，就可以在特定教学环境中选择适应学情需要的最好方法。三种方法难度递增，每种方法比前一种增加些许挑战。需要记住这些情况，做好决定从哪里开始教学生比较两个事物。

## 用句干来比较

句干法初看起来好像是典型的填空练习。事实上，学生的确是在填空，但所有的空格必须要填充进关于两者异同的特定信息。表 1.1 包含一个课程计划，教学生如何用句子主干对文本进行比较。

表 1.1 用句干比较的教学计划

| 教学步骤 | 描述 |
|---|---|
| 1. 直接教学生以下术语的含义：**比较、相似、不同** | 当教师在课堂上给学生讲解，或者当学生在评价中遇到问题时，他们可能会困惑于不熟悉的术语。换言之，学生可能知道怎么做，但无法通过文字表述来识别。如果教师经常使用句干进行比较，就需要提前准备一张海报，让学生用以参考，避免术语太专业让人感到困惑；同时还需要用常见的例子来解释术语。如果你习惯用**比较**或**对比**这样的术语指代比较任务，请注意在本书的指导内容中，**“比较”**一词指确定两个事物异同的更传统的含义。然而，如果希望学生听到**比较**或**对比**是因为你陈述的标准和评价中出现这样的词，则需要再对课程进行调整 |

（续表）

| 教学步骤 | 描述 |
|---|---|
| 2. 直接教学生何为句干和使用它的目的 | 向学生解释，句干会帮助他们成为区分两个事物异同的专家。再次强调，在期待学生转换对术语和技术的理解之前，用学生熟悉语境中的案例 |
| 3. 创造句干，要求学生比较内容的两个方面。从两个样本句干中选择一个 | 对于句干的创建，你有多种选择：（1）一般比较；（2）更专门的比较；（3）开放式比较；（4）确定回答数量明确的比较。表 1.2 含有上述各类型句干的案例 |
| 4. 选择适用于比较或对比的内容文本。准备一个句干，与该文本种类与比较数量相适应。然后，展示如何阅读文本，示范如何完成句干 | 示范是课程中最重要的内容。要在认知过程中始终为学生提供帮助，展示你是如何进行对比的。句干是简单对比两个事物的有效方法。为教学方法 2 “运用图形组织者进行对比” 预留更复杂的案例 |

教学计划（表 1.1）和表 1.2 中提到，句干有很多种。运用句干法时，要提供给学生你想要他们比较的适合的特定内容。这项任务可在学生听完一节简短的课程、阅读一篇文章或教学文字部分章节，或者看完一个短视频后布置。

学生能够更加熟练地完成句干任务后，可以从你所选择的比较项目过渡至从课程、文本或视频中选择的两个事物。这是一个从扶到放的过程，让学生自己或与学习伙伴一起在听、读、思考中承担责任。表 1.2 含有部分完成的主干和空白的主干，这些案例可用于实际教学中。本书后面所附的 “资源 A.1” 中包含一个可复制的句干模板。

表 1.2　各类型句干的案例

| 句干的类型 | 案例 |
|---|---|
| 用大类比较的通用主干 | 爬行动物与两栖动物类似，是由于__________；<br>爬行动物与两栖动物不同，是由于__________ |
| 比较两个特定项目的特定句干 | 青蛙与蟾蜍类似，是由于_______和_______；<br>青蛙与蟾蜍不同，是由于_______和_______ |

（续表）

| 句干的类型 | 案例 |
|---|---|
| 需要回答明确数量的开放式句干 | ________与________相类似，是由于他们都________；________与________不同，是由于________是________，但是________是________ |

## 用总结比较

总结是一种确保学生深化内容理解的比较方法，因此它也能够用于比较任务的收尾阶段。总结是一种建立在比较过程之上的图形组织者，表 1.4 中所使用的总结提供给学生一个计划和写作范围，让学生记下笔记，为编写关于他们的发现的一句话总结（one-sentence summary）做好准备。表 1.3 是一个教学生如何通过总结异同比较两个事物的教学计划。表 1.4 是一个完整的总结案例。很多学生甚至一些教师都发现，总结是有难度的。但是，在充足的支架教学和频繁的练习机会辅助下，总结可以成为学生的习惯。可参考运用以下课程，为总结过程搭建支架。

表 1.3　用总结异同比较事物的教学计划

| 教学步骤 | 讨论 |
|---|---|
| 1. 回顾你在课堂中曾经使用的定义：**总结、相似、不同** | 总结的定义需要你根据学生的熟练情况作出选择。你可以把总结定义为学生用自己的语言描述中心思想，并包括故事或文章的支持性细节。然而，总结区分异同的结果要求学生针对发现投入更深入的分析，包括他们为何要重点解释某部分的异同 |
| 2. 给学生展示一张空白总结表——作为组织者可让学生在特定的区域写下总结。需要向学生解释，你将会用表 1.4 的空白表进行示范，如何确定两个城市的异同 | 在设计图形组织者时需要留下特定的空间或区域让学生写总结，你可以调整这些设计好的图形组织者用于总结比较一个或更多的事物 |

（续表）

| 教学步骤 | 讨论 |
|---|---|
| 3. 向学生解释，一旦已确定两者的异同，就需要在总结表中间列的摘要框（summary box）中写下总结 | 当教师把信息填入总结表时，记得提醒学生关注解释的来源（比如社会学书本、网络搜索、旅行社小册子等）。同时让学生认真听取解释，了解教师是如何找到区分城市异同的方法的 |
| 4. 除摘要框以外，学生完成所有其他内容后，你有两个选择：（1）如果学生已经在练习写总结，让他们尝试用总结表中的信息写出一个总结句；（2）自己示范写出总结 | 在示范总结时，教师展示如何处理总结表中不同思想与短语。写下一两个短语，大声读出来看看是否说得通；随后圈出不正确的词，重写总结句。要经过数次尝试，才能写出恰当的总结句 |

表 1.4　用总结异同的方式比较美国的两个城市

| 城市 1<br>亚利桑那州，图森 | 总结<br>亚利桑那州图森，一个西南沙漠社区；夏威夷的火奴鲁鲁，热带天堂之岛，多文化交织，令人向往的居住旅行圣地 | 城市 2<br>夏威夷，火奴鲁鲁 |
|---|---|---|
| 差异 | 相同 | 差异 |
| 沙漠动植物 | 美国城市 | 热带动植物 |
| 墨西哥和美国本土文化 | 世界各地人们喜爱的度假地点 | 日本、夏威夷和亚洲文化 |
| 内陆地区 | 多文化 | 被海洋包围 |
| 少雨又干燥 | 居民和游客在一年中大多数时候可以穿短袖、凉鞋等夏装 | 潮湿的热带雨林 |

## 用结构化回答比较两个事物

结构化回答是一种简短的回答方式，在具体知识学习中合理运用，能够表明学生掌握特定认知过程（比较）的熟练程度。这种方法要求学生比较包含特定内容的两个事物，并能写出解释两个事物异同的一两段文字。在初次使用情况下，结构化回答常用梗概（generic outline）或模板（template）来指导学生，并建议将其作为案例课程计划的一部分。结构化回答要求学生能够确定异同，且能够组织并撰写答案，还要求学生分析确定各种异同的相关重要性。针对比较问题如何让学生撰写简短的结构化回答，表 1.5 展示了一个教学计划案例。

表 1.5　针对比较性问题如何组织结构化回答的教学计划示例

| 教学步骤 | 详情 |
|---|---|
| 1. 选择两个名词、想法、人物和概念进行比较 | 从特定领域选择比较的事物，选择学生最需要理解的知识内容。我们的目标不仅仅要写出结构化回答，更要求学生对教材深度理解。不要在琐碎和非重点内容上浪费时间 |
| 2. 重新审视词语的定义：**比较**、**结构化回答**、**相似**、**不同** | 你如果打算让结构化回答成为学生常规学习方法，就必须要用到包含这一概念和步骤的海报 |
| 3. 用于辅助结构化回答的两个组织者包括：<br>◇表 1.6 和 1.7 中的完整案例；<br>◇在屏幕或黑板上展示最初的空白计划表和对比表，用于填写事物属性与种类对比情况 | 表 1.6 第一列中列出事物需要比较的属性或方面。第二和第三列包含需比较的项目：美国的两个城市<br>注意每一列提出的问题：最重要的比较内容是什么? |
| 4. 依次回顾这些类别，写下研究中发现的相关事实。随后，用右边的问题问问自己 | ◇此物和彼物差异多于相似吗?<br>◇此物和彼物相似多于差异吗?<br>◇最大的相似是什么?<br>◇最大的差异是什么? |
| 5. 用对上述问题的回答生成结构性回答的主题句 | 在组织者的合适之处写下主题句。继续评估表 1.6 的每个方面，利用表中所示支持性证据写出句子 |
| 6. 在结构性回答表中写下这些句子，添加结论 | 参见表 1.7 完整的例子 |

表 1.6　为比较两个城市，辅助结构化回答的组织者

| 城市所比较的方面 | 城市1：亚利桑那，图森<br>最重要的比较内容是什么？ | 城市 2：夏威夷，火奴鲁鲁<br>最重要的比较内容是什么？ | 两城市比较的结果 |
|---|---|---|---|
| 位置 | 美国本土 | 美国夏威夷岛屿 | 它们都属于美国。火奴鲁鲁在岛上（欧胡岛），而亚利桑那在美国大陆 |
| 人口 | 总人口 980263 人，城市人口 520116 人 | 总人口 953207 人，城市人口 390738 人 | 总人口数量相似，尽管火奴鲁鲁是个小城市，城市区域有限 |
| 文化 | 墨西哥、美国本土和白种人文化 | 亚洲、夏威夷和白种人文化 | 在多文化的交融上，两个城市是相似的 |
| 气候 | 夏季炎热干燥，冬季温暖湿润 | 一些地区温暖潮湿，但海风使整体气候温和 | 相似的偏温暖的气候 |
| 经济 | 旅游和医疗是经济收入的主要来源 | 旅游、医疗、高等教育是城市税收的主要来源 | 旅游业都是两个城市的主要经济支柱，医院、健康服务和大学也较为重要 |

提示：比较城市之后，选择一个立场来表明它们是更相似还是更有差异性，用证据来支持你的立场。参考表 1.6 中的“最重要的比较内容是什么？”

表 1.7　用结构化回答比较两个城市的案例

| 组织结构 | 计划区域 |
|---|---|
| 主题句 | 尽管图森和火奴鲁鲁地理位置差异很大，但它们的相似之处远远多于不同之处 |
| 位置 | 图森位于内陆地区，几乎没有天然水体，而火奴鲁鲁周围是太平洋，然而，在其他方面两个城市非常相似 |
| 人口 | 图森和火奴鲁鲁这两个城市的总人口数基本相同 |
| 文化 | 它们都是多文化融汇的地方 |
| 气候 | 尽管图森的夏天干燥炎热，但总体上与火奴鲁鲁类似；世界各地的游客被两地风和日丽、气温适宜的冬季所吸引 |
| 经济 | 旅游、医疗、高等教育是两个城市经济的主要贡献力量 |
| 结论 | 尽管处于不同的地理位置，但图森和火奴鲁鲁都是生活、工作和度假的胜地 |

## 常见错误

教师大多经历过教学挫折。吸取他人的错误经验，可以更好地帮助自己考虑周全，设计该策略的教学计划。在教授学生用句干、总结和结构化回答进行比较时，应尽量避免以下错误：

◇教师假定学生已经掌握了上堂课教过的关键词语。

◇教师未能提醒学生关键词语的意义和用法。

◇教师未能花费必要的时间直接教授和示范过程。

◇学生第一次运用各类工具时，教师选用了过难的教材。

◇教师没能做到从扶到放，让学生自己思考句干、总结和结构化回答。

◇教师提供给学生答案和报告，让学生复制到句干、总结中，填写到结构化回答表格中。

◇当学生准备好应对挑战时，教师没能及时增加任务的难度。

### 用句干和结构化回答进行对比的正例和反例

以下正例和反例展示了运用不同工具的各种方法。

#### 小学利用句干比较的正例

该案例中，学习目标为比较同一故事的不同版本（CCSS English Language Arts Standard for Literacy RL.2.9）。这个班级已听教师朗读并独立阅读过两个版本的《小红帽》（*Little Red Riding Hood*），一个是美国的传统童话故事版本，另一个则是中国版的《狼外婆》（*Lon Po Po*）。今天，教师让学生比较这两个版本的故事。他给学生每人一页纸，纸的上半部分都写着句干：《狼外婆》的故事像《小红帽》是因为 ______________________。而在下半部分则写着这样的句干：《狼外婆》不同于《小红帽》是因为

________________。以下记录了教师如何介绍教学活动。

> 今天我们要看看我们读过的两个故事——《**小红帽**》和《**狼外婆**》的异同。看一下你的思考页。首先，完成上半部分的句子，写出你认为它们相似的理由。然后，完成下半部分的句子，写出你认为它们不同的理由。

学生上交了很多相同点与不同点，教师让他们与同伴彼此分享答案。随后，教师拿起两页纸，在一页上写上问题：**为什么两个故事相似**？另一页写上另一个问题：**为什么两个故事不同**？在默读之前，教师指定每组搭档依次上前，在这两页纸上写下分析得出的异同。学生默读时，教师就有时间审阅学生的回答并注意哪些学生在区分异同时需要帮助。默读后，教师主持小组讨论，让学生指出目前班级中已经达成的共识有哪些，同样也要注意到一些个案中，会有个别学生指出不常见的异同。教师需要给这类学生提供机会解释想法，这同时也是给整个班级机会，让他们了解可以用不同的方式来认识文本。

### 小学利用句干比较的反例

不远处的课堂中，一位二年级的教师针对同样的目标开展教学。但是，她对任务增加了一个新的因素，要求学生阅读不同国家的童话故事后完成以下句干：

《灰姑娘》《毛球公主》和《金色凉鞋》相似是因为__________。

不同国家的童话故事因为________________________而不同。

随后，她让学生在阅读日记中完成句干，并给他们最喜欢的故事人物画图。句干法的关键是让学生比较两个事物并确定两者的异同。画图这一活动则让师生都偏离了句干法的核心任务。

### 中学利用结构化回答比较的正例

中学案例中，学习目标有两个。第一个目标是分析关于美国参加二战的争论并总结美国参战原因（Kansas Social Studies Curriculum Standards，5.2.5）；第二个目标是针对相似的主题或专题，分析两个或两个以上的文本，建立对比分析作者写作方法的知识（CCR Anchor Standard 9 for Reading）。

一位高中美国历史教师，希望学生对 1941 年 12 月 7 日日本偷袭珍珠港事件进行拓展与加深理解。他要求学生在课前提前阅读两篇文章。这两篇文章观点从不同视角描写了这一事件，教师让学生比较两位作者写作的手法。他知道从作者的角度比较文章，不仅可以进一步大大加深学生对文章的理解，还能帮助他们培养熟练的读写技能。该教师是这样介绍本课的：

> 同学们，早上好。今天，我和英语老师协同上课。我教历史，她教英语。我们合作相互学习珍珠港事件，也希望你们能够进一步加深对这一重要历史事件的理解。你们已经阅读过课文，对于珍珠港事件也开展了激烈的讨论。但今天，我们要换一种学习方法。本周前几天，我给了你们两篇文章在小组内阅读和讨论。让我们回顾这两篇文章，并看一看两位作者描写珍珠港事件的不同手法。

英语教师准备了两份模板，与表 1.6 和表 1.7 所示类似。她的模板对作者写作手法进行了以下方面的比较：（1）作者和主题的关系是怎样的？（2）作者是怎样组织思路、怎样呈现信息的？（3）对于该事件，作者的态度和立场是什么？（4）作者写作的目的是什么？两位教师决定一起示范如何回答第一个问题。英语老师针对作者与主题关系，向学生解释了一些可能问到的问题；历史老师根据他对作品与作者的了解，与学生分享了他对两位作者视角的分析。在对第一个问题示范了两篇文章可能的回答后，教师把第一个问题的回答写在模板合适的空格里；随后，英语老师过渡到第二个问题——作者的写作手法，并且解释了一些作者组织思路的可能途径。此时，她要求学生以小组形式比较两篇文章，主要比较两位作者如何组织思路、呈现信息。在学生确定两位作者运用方法的异同过程中，两位教师始终监控学生进展情况。由于学生具有一定的背景知识并且提前阅读了课程相关文章，学生表现得还不错。在教师指导下，学生在下课前制作完成了图形组织者。

在后续一节课中，教师监控学生继续完善他们的图形组织者，并帮助他们开始撰写结构化回答，明确两篇文章是更为相似还是更为不同，并在文本中找到证据支持他们的立场，然后对“最重要的比较内容是什么？”这一问题草拟答案。

### 中学利用结构化回答比较的反例

反例中，历史老师的教学目标与正例相同。她觉得通过自己的展示，学生能够知道如何比较作者针对同一主题的不同写作方法。她选了与正例相同的文章，仔细地阅读并完成了两个图形组织者。随后，她把空白的图形组织者发给学生，要求学生抄写她写在黑板上的笔记，填写表格中每一项内容。这种做法只是由教师完成了所有的思维工作，最终降低了学生的学习效果。此外，教师与学生错失了跨学科学习体验，而这种体验对于深度理解知识、开发特定学科读写能力具有重要意义。

## 确定学生是否能够比较两个事物

让学生向教师解释、写作或展示关键内容，这是在教师直接教授、示范如何区分异同后，确定学生是否掌握的唯一途径。以下方法可以帮助教师判定，学生是否能够通过比较掌握关键内容：

◇学生能够解释通过区分异同如何加深了对内容的理解。

◇学生能用来自文本的证据支持他们对异同的解释。

◇学生能够自己创建句干，用于解释在各种形式的知识内容比较中发现的异同。

◇学生能总结自己从一堂课或一篇课文中所学到的知识。

◇学生能设计结构化回答，用于总结两个事物间重要的相似与不同。

学生比较异同的熟练程度量规（见表 1.8），可以帮助你评价学生对关键内容区分异同方法掌握的精通程度。教师运用这一程度量规，可以监控学生对比概念、思想或其他事物，最终达到预期结果。

表 1.8 学生运用句干、总结和结构化回答的熟练程度量规

| 新手入门 | 基本掌握 | 预期达标 |
| --- | --- | --- |
| 学生能够对不同主题作出基本比较 | 学生能够对不同主题作出比较 | 学生能对不同主题作出多种比较，并能展示各主题关键内容的相关知识 |
| 学生能够陈述比较结果 | 学生能解释比较异同的结果 | 通过比较，学生能总结相关的关键内容 |
| | | 学生能总结比较后的学习收获 |

## 开展支架教学和拓展教学满足学生的需求

根据学生的不同情况，教师可以选择以下几种支架教学或拓展教学，帮助学生更好地掌握比较异同的方法。

### 支架教学

◇学习句干时，如果学生遇到困难，需要后退一步，首先列出一张用于比较的基本特征的表格，表格采用同一特征分列的方式，帮助学生更容易地比较。

◇学习总结时，如果学生遇到困难，需要给学生提供句干或图形组织者，

帮助他们组织思维。

◇选择更容易进行比较的内容或文本。

◇让学生两两组对，学习成绩更好的成员展示如何比较。

◇在书写结构化回答时，采用系列词语与词组或是简短回答作为回答的过渡环节。

## 拓展教学

◇提供更开放的句干，或把更复杂的概念放到一起比较。

◇给一些学生布置任务，用比较、分类或类比的方法，自行创造句干。

◇让一些学生收集本班所有的回答，生成全班对区分异同的统一答案，并让这些学生向全班示范其思维过程。

# 教学方法 2　运用图形组织者进行对比

当学生能够更加熟练地比较两个事物、概念与思想的异同后，就需要让他们比较两个或者两个以上的事物，要想达成这一教学目标，就需要教他们运用一系列图形组织者：（1）维恩图（Venn diagram）；（2）双泡图（double-bubble diagram）；（3）比较矩阵（comparison matrix）；（4）修正T型表（modified T-chart）。这些图形组织者的模板都可在“资源 A.2”至“资源 A.6”中找到，教师可复制使用。

运用图形组织者能够让学生更熟练地区分异同，其教学方法有两种。第一种教学方法是，教师直接指导学生比较选择好的想法、事件和内容，并明确告诉学生需要他们比较的重要属性或比较标准。这种教师直接指导法能够确保学生把时间用在最重要的内容特征上，并能基本保证所有学生都能够用逻辑正确的总结给出比较结果。这种结构化方法便于上手，而且在教授希望所有学生都要掌握的特别重要的内容时，尤其适合使用。

另一种教学方法是在教学活动中总给学生更多管理责权的方法。运用此方法，教师并不必须明确比较项目，但需要明确学生责任，由学生决定比较的关键属性，甚至也可以让学生选择比较对象。由于这种教学活动的结果更为开放，学生会提交不同的答案和结论，也会产生更有趣的小组讨论和更多样的发现结果。放权让学生激荡思维，就必须运用图形组织者，这样才能确保达成理想的教学效果。

## 怎样利用图形组织者进行有效比较

想要学生掌握运用图形组织者比较的方法，教师要教授学生同时运用两套技能：（1）进行比较；（2）将比较得出的信息转化成特定的图形组织者。

在进行比较的整个认知过程中，大脑共需执行四个子步骤：（1）精确选择比较对象——比如单词、数字、想法、事件、概念、人物、地点或其他事物；（2）确定比较对象的关键属性或最重要的比较特征；（3）辨别这些属性或特征是相似还是不同；（4）总结结论或绘制生成组织者，呈现所有发现。

对于缺乏背景知识的学习者而言，最有挑战的可能是第二步：确定各种比较对象的关键属性。表 2.1 所示各步骤，可以引导师生逐步明确一件事物的关键属性。为了比较，你需要认真运用这一方法，练习确定两个乃至更多事物的关键属性，具体练习数量依据比较内容和选择的图形组织者决定。

在学生对关键内容进行比较的同时，他们还必须运用所知的各类图形组织者的相关知识。学生需要知道比较出的相同点和不同点哪些比较重要，值得记录，还需要精确地掌握这些重要信息应该写入图形组织者的哪些地方。每个步骤中，学生参与得越深入，从经验中获取的知识内容也就越多。然而，运用更为复杂的图形组织者有效地进行对比，对教师以及大部分学生而言，都需要一个渐进的过程。

对比两个乃至更多事物，共有四种适合的独立的图形组织者：（1）维恩图；（2）双泡图；（3）比较矩阵；（4）修正 T 型表。在本章中，我们将为每种图形组织者提供完整案例以及相关教学内容。

表 2.1　确定事物关键属性的步骤

| 步骤 | 案例 |
|---|---|
| 1. 为确定关键属性，从研究内容中选择一个重要人物、地点、事物或事件作为对比的主题 | 分析罗西尼的《威廉·退尔》序曲，列出其中著名的铜管演奏乐章的属性 |
| 2. 将主题分解为各组成部分或属性特征，并逐个列出这些属性，这一步骤称为“未定义”属性 | 响亮<br>快速<br>明亮<br>断奏 |
| 3. 将所有特定属性进行归类，并为每个分类命名，这一步骤称为“定义”属性 | 力度<br>节奏<br>音色<br>节拍 |

（续表）

| 步骤 | 案例 |
|---|---|
| 4. 用属性列表作为比较活动的开始 | 《威廉·退尔》序曲的结束乐章用铜管演奏，开始的抒情乐章由弦乐引入，请比较这两个乐章<br>运用力度、节奏、音色和节拍等类别（定义属性）来描述第二段<br>总结两者的异同 |

## 维恩图

维恩图包含两个或更多的相互重叠的圆圈，这些圆圈可用于特定的、一般的、抽象的或具体的比较活动。表 2.2 展现了维恩图的适配性。

表 2.2 使用维恩图的时机

| 目的 | 使用维恩图的时机 | 案例 |
|---|---|---|
| 特定 | 对于重要案例或是对学生掌握特定事实尤其重要的内容 | 图 2.1 比较 18 和 24 的分解因子 |
| 一般 | 学生需要从特殊现象比较得出一般性认识 | 健康的饮食习惯和减肥方法 |
| 抽象 | 学生已经从更深入的学习中收集抽象概念，为进一步比较和对比做好了准备 | 不同作家的文学主题 |
| 具体 | 当操控物体对学生可行、适切并有用时 | 根据不同的属性按照形状拣选 |

维恩图的每个圆圈都被标记为一个比较对象。在圆的外圈写下或画下不同之处，而交叉的地方则记录相似之处，交叉则表明这些地方属于两者或所有圆圈共有。图 2.1 展示了用维恩图比较 18 和 24 两个数字的分解因子。

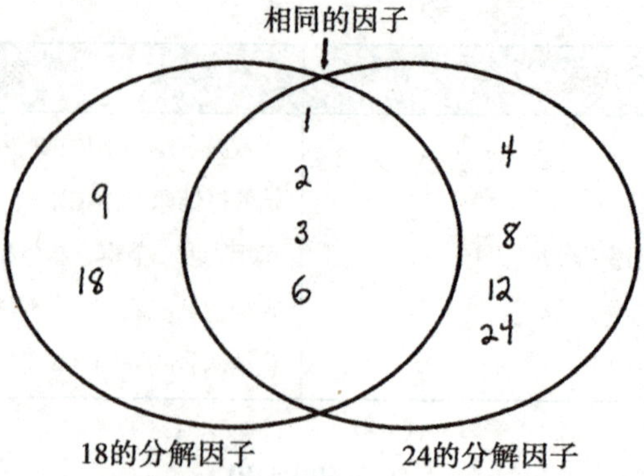


图 2.1　用维恩图比较 18 和 24 的分解因子

我注意到两者的相同点与不同点在于：18 和 24 的公因数为 1、2、3、6，而 6 是其中最大的一个公因数。

为了增加难度，可在维恩图中再添一个圆圈，成为三圈维恩图。为了建好维恩图，学生需要决定每项内容是属于单圈、双圈还是所有三个圈。图 2.2 展示了用维恩图比较 18、21 和 24 的分解因子。

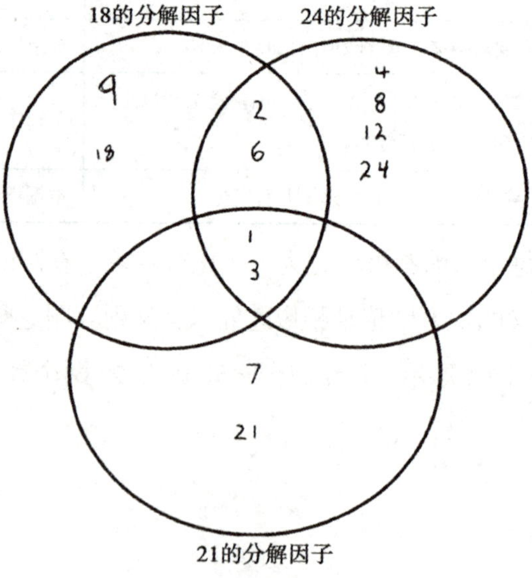


图 2.2　用三圈维恩图比较 18、21 和 24 的分解因子

## 双泡图

双泡图（Hyerle，1996）是维恩图的变体，适用于需要支架的学生，可用作传统维恩图的过渡。比较的对象写在或画在两个阴影气泡中，称为**锚定气泡**（anchor bubbles）；每个主题的显著特征（关键属性）写在每个锚定气泡的边缘，一个气泡内写一个特征。学生如果有更多想法可以添加泡泡。共同的特征写在中间的气泡内——每个气泡内写一个相似的因素。将气泡配上不同颜色可以辅助学生。图 2.3 展示了比较两种弦乐器的双泡图。

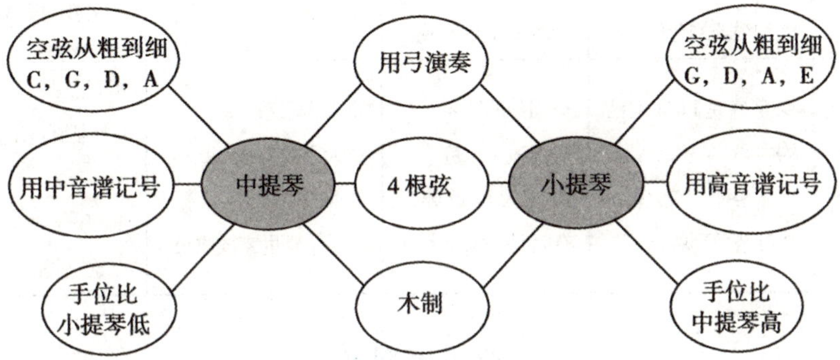


图 2.3　双泡图

注：改编自 Hyerle（1996）。

## 比较矩阵

比较矩阵是第三种图形组织者，可依据特定特征用于比较两个或更多的人、事物、事件或概念。比较矩阵由网格构成，用于比较对象的名称写在网格第一行，需要比较的特征写在网格第一列，学生需要在每个网格内填入信息。最后一列也可用来概述各行概念比较异同的结果。3×2 或 3×3 的矩阵难度适中，适合让学生完成。然而，注意不要比较太多事物，也不要比较太多项目，避免任务难度过大。表 2.3 展示了一个已完成的比较矩阵案例，案例中主要比较了美国的不同文化。

表 2.3 美国文化比较矩阵

| | 阿米什文化 | 阿巴拉契亚文化 | 拉丁文化 | 重要的异同 |
|---|---|---|---|---|
| 传统和信念 | ◇简单平静的生活<br>◇教给孩子们生活方式<br>◇没有现代化的事物，如电或汽车<br>◇对上帝的强烈信念和艰苦的劳作 | ◇爱自然<br>◇笃信上帝<br>◇手工制品<br>◇讲故事<br>◇独立且随遇而安<br>◇乐于互助但不爱改变土地原貌 | ◇信奉罗马天主教<br>◇在家中保留使用西班牙语<br>◇宗教节日<br>◇工作是重要的 | 相同点：<br>◇笃信上帝<br>◇教会孩子信仰<br><br>不同点：<br>◇宗教的类型 |
| 家庭结构 | ◇家庭是日常生活的中心<br>◇父亲是一家之长<br>◇母亲受到尊重 | ◇强烈的联系<br>◇忠诚于家庭<br>◇女人很重要，有时是一家之长 | ◇紧密联系<br>◇大家族传统<br>◇尊重老人<br>◇乐于帮助家族成员 | 相同点：<br>◇牢固的家庭纽带<br><br>不同点：<br>一家之长 |

## 修正 T 型表

修正 T 型表是第四种也是最后一种图形组织者，它能比较两个或更多事物。修正 T 型表包括的信息和维恩图相同，不过它增添了一个专用空间。对于异同都设有专门空间，让学生在比较并分析异同后写下自己的领悟。修正 T 型表中明确需要比较的属性，可以列在连接比较对象框的箭头中；教师需要决定给学生多少明确的结构才适合，因此相对更为灵活。教师可提前完成部分内容，让学生完成剩余的部分；也可以全部留白，结论开放，让学生选择比较的对象和比较的属性。图 2.4 是一个填写完整的修正 T 型表，比较了古希腊帝国和古罗马帝国。

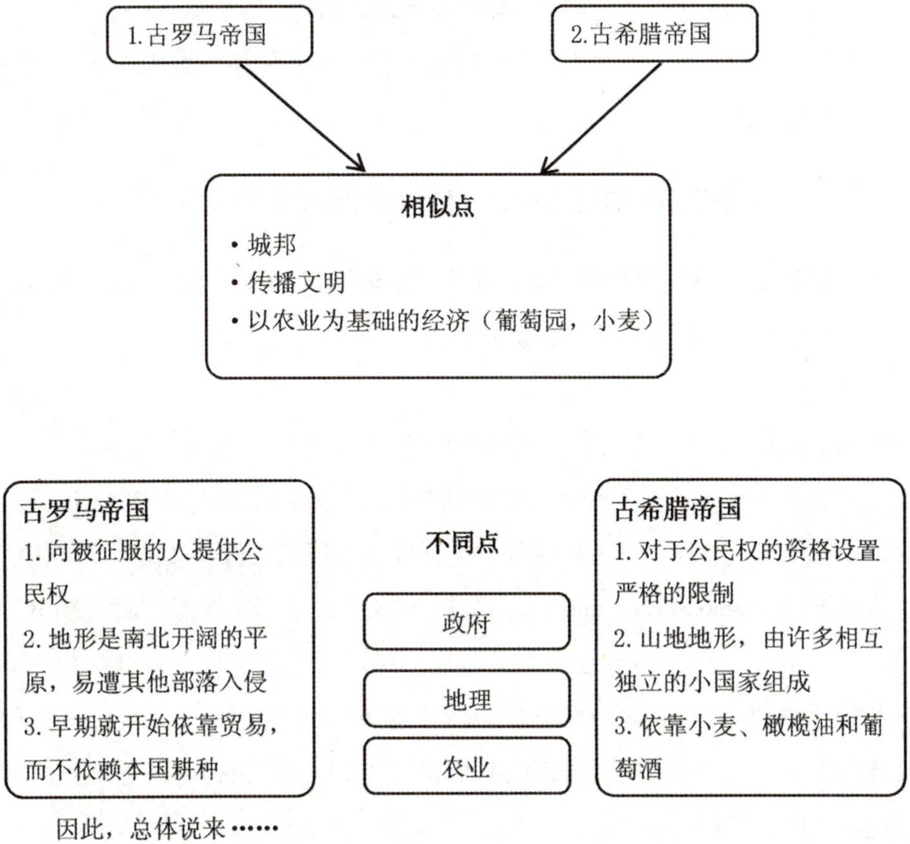


图 2.4　比较古希腊帝国和古罗马帝国的修正 T 型表

## 常见错误

在指导学生比较异同时，教师需要熟练选择和运用图形组织者；如果在教授学生比较两个或两个以上事物时，做法不当，会让学生感到困惑。

◇教师未能针对要掌握的关键内容选择合适的图形组织者。

◇教师未能提供足够的直接教学和内容示范，让学生对关键内容只有片面印象。

◇针对如何运用各类图形组织者，教师未能提供足够的直接教学和示范。

◇教师说得太多，却没有给学生机会和同伴合作。

◇教师未能兼顾最后一步，未能归纳或总结学生发现的异同。

◇教师未能充分强调学习的重点内容，剥夺了学生深度理解的机会。

## 小学利用图形组织者进行对比的正例和反例

用图形组织者区分异同，需要学生牢固掌握知识，需要教师预先做好计划。以下是小学和中学课堂中的正、反面案例。

### 小学利用图形组织者进行对比的正例

小学正例展示了三年级社会学教师使用比较矩阵（参见表 2.3）进行对比的成功案例。该正例中，特定的教学目标为描述俄亥俄州文化圈与文化活动今昔异同（Ohio Social Studies Standards: HIS.3.4a）。学生之前已通过图书、视频，了解了三种不同文化的关键内容，包括阿米什文化、阿巴拉契亚文化和拉丁文化。在向学生介绍这部分新知识时，学生确定了需要比较三种文化的共同属性类别：（1）传统和信念；（2）家庭结构。以下是教师介绍比较矩阵的过程：

> 同学们，我们已经对本州的三个不同文化圈有了初步了解，掌握了很多事实。今天我们要把所学到的事实填写到比较矩阵这一图形组织者中。老师复习了比较的含义，并让大家了解到比较矩阵是一种组织相互联系的事物的方式。（老师还展示了一份包含标签的空白矩阵表格）同学们需要比较三个文化圈（阿米什文化、阿巴拉契亚文化和拉丁文化）的两类事实（即有关传统和信念的事实，以及家庭结构的事实）。记住，你们比较的任务是寻找三种文化圈相同或不同的事实。

教师给每个学习小组分发图形组织者副本并在教室内巡视，监控学生回答信息是否准确。一旦有小组完成图形组织者，教师就让他们走上讲台，对每一项比较标准进行总结陈述。

### 小学利用图形组织者进行对比的反例

在小学课堂的反例中，教师根据同样的标准开展教学。他决定让学生比较相同的三种文化——阿米什文化、阿巴拉契亚文化和拉丁文化，但是该教师认为应该尽可能多地让学生了解三种文化的不同方面。因此，他给了学生一个三列六行的比较矩阵，对比三种文化的传统和信念、家庭、食物、艺术、音乐和语言。很快他就意识到，这个任务对学生来说太复杂了。随后，他重新回到黑板边，画下简略的矩阵，让学生们能够更容易地完成比较。

## 中学利用图形组织者对比的正例和反例

中学的正例和反例基于以下特定的学习目标：学习公元前 500 年至公元 300 年，地中海流域的大型帝国是如何兴起的（National Center for History in the Schools: History Standards: World History Era 3: Standard #3）。

### 中学利用图形组织者进行对比的正例

中学教师利用修正 T 型表这一图形组织者，帮助学生们针对教学目标获得更深程度的理解。大多数学生已掌握单元基础知识，且为扩展知识做好了准备。教师以如下方式介绍课程。

> 同学们，在古希腊帝国和古罗马帝国的学习中，你们的表现很不错。今天我们将以比较的方式思考两个帝国，来看看个中的相似和不同。第一个任务是选择你想比较两个帝国的哪方面特征。

对于需要支架教学帮扶的学生，教师帮他们选定比较标准。学生两人一组结对完成任务。由于修正 T 型表包括总结部分，教师很快就能了解学生是否达到运用图形组织者的预设目标。早先介绍完修正 T 型表后给出的图 2.4，可以作为学生小组任务的范例。

### 中学利用图形组织者的反例

反例中，教师也同样在中学教书，她的教学目标和正例中教师的一样。然而，她决定使用维恩图，但是并没有针对如何完成任务提供给学生指导和示范。学生很随意地在图表上任意位置写下异同。很快教师认识到学生在填表前需要足够的示范和解释。她错误地预判了学生掌握技能情况，并因选择了不适配任务的图形组织者而再次栽了跟头。

## 判定学生是否能够运用图形组织者进行比较

在学生运用图形组织者时，教师需要监控大部分学生是否能够准确地区分异同。如果让学生针对明确的主题按照标准区分异同，则要确定他们是否选择了重要的标准，这样才能让学生更深刻地理解什么知识最重要。以下是监控学生理解的有效方法：

◇让学生两人一组或多人一组完成图形组织者。密切监控学生努力与否，检查学生回答和笔记记录情况，用问题激励和引导学生追求精准。

◇让学生解释，图形组织者是怎样展现了他们对内容异同的理解的。

◇让学生写出总结性陈述，总结在各方面的异同内容中，需记住的最重要异同是什么。

◇学生在用图形组织者区分异同后，互相交换答卷。向全班提问题，允许学生把答案写在同伴的答卷上。

◇当学生有机会练习时，让学生选择不同的图形组织者。

表 2.4 是一份学生用图形组织者区分两个或两个以上事物的熟练程度量规。根据需要使用和调整，由此判断学生从开始到达成预期结果过程中，取

得了怎样的进步。

表 2.4 学生用图形组织者比较异同的熟练程度量规

| 新手入门 | 基本掌握 | 预期达标 |
|---|---|---|
| 学生能够用简单的图形组织者比较一些概念<br><br>学生能陈述比较的是什么 | 学生能准确使用图形组织者来比较学习内容的概念<br><br>学生能选择运用合适的图形组织者<br><br>学生能陈述比较的关键内容 | 学生能选择或创造图形组织者来进行比较<br><br>学生能准确使用图形组织者来展现如何比较两个主题<br><br>学生能解释图形组织者是如何帮助他们更好地理解关键内容的<br><br>学生开始独立运用图形组织者这一方法 |

## 开展支架教学和拓展教学以满足学生的需求

当你能娴熟选择和运用图形组织者，帮助学生深度理解关键主题内容的异同，就会轻松地发现哪些学生需要教师对最初的教学方法作出调整。有的学生需要教学指导或支架教学，而有的学生则学有余力需要拓展教学。以下一些建议，能帮你精确地满足学生的需求。

### 支架教学

◇给予学生运用图形组织者的关键先决条件，学生就能意识到完成图形组织者过程中的进步。

◇给予比较元素和关键属性，学生就能在比较矩阵过程中使用，并能概览每个元素或属性。

◇ 运用表 2.1 属性表，让学生经常练习列出不同相关主题内容的关键属性。

## 拓展教学

◇放权给学生选择与比较内容相关的元素和属性。

◇鼓励学生建构一个三圈维恩图来完成更复杂的任务。

◇在学习内容范围内，给学生更多不常见的比较任务。

# 教学方法 3　运用拣选—匹配—归类进行分类

分类是第二类主要认知过程，可以帮助学生确定关键内容的异同。分类是根据属性（attributes）、特征（characteristics）、特色（features）或特性（properties），将相似的事物归入同一类。有三种独立的分类活动：（1）拣选（sorting）；（2）匹配（matching）；（3）归类（categorizing）。表 3.1 精确描述了学生在这三种活动中应该怎么做。分类活动中，无论是拣选、匹配还是归类，都需要精确而特定的辨别力，来确定那些微小易被忽略的异同。

乍一看，分类可能显得很简单，因为很多早期的童年基础活动就包含了某种或多种分类的子过程。然而，随着学习内容复杂性增加，分类就越来越有挑战性。拣选、匹配和归类都要求学生深入掌握广泛的知识。学生的知识储备越丰富，就越容易完成分类。

表 3.1　三种分类活动

| 分类的类型 | 学生的结果 |
| --- | --- |
| 拣选 | 当教师提出特定的种类，学生能根据相似的属性，将内容拣选并归入这些种类中 |
| 匹配 | 当呈现不同类型的内容时，学生能根据相同性或等值性，匹配两个或两个以上的事物。这种等值性存在形式多样，包括定义与图画并存、图画与描述匹配、最终结果等值的多种数学表达，用不同形式的小写字母表达同样的意思 |
| 归类 | 给出一系列元素，学生可把这些元素归为两类或更多类别，解释各类别的关键属性，并解释每个元素属于某个类别的原因 |

## 怎样运用拣选、匹配和归类进行有效分类

进行有效分类需要教师直接教授并向学生示范，告知他们怎样确定不同事物的异同，并根据异同把这些事物分组。

### 运用拣选区分异同

所谓拣选，是根据事物的特色，设计用于分析单词、数字、形状或教具

并将其归类的活动。拣选的目的是帮助学生聚焦于事物或思想的概念、结构特征。为单词拣选，学生需要仔细了解单词的内容、发音、拼写或用法；为数字拣选，学生需要考虑数字的特性、数值、整除性、最终图示等。各种形状都可以拣选。石头、体育装备也可以拣选，实际上与教学内容相关的任何事物类型都可以拣选。拣选活动有动手操作的内涵，因此把文字或图画打印在物体或卡片上，可以发挥最佳效果。可根据以下步骤设计拣选活动：

◇选择与教学内容相关的技能、概念，确定开展封闭式拣选（closed sort）还是开放式拣选（open sort）。封闭式拣选，需要教师提前选定类型并让学生填充内容。开放式拣选则是学生根据事物分组情况自己创造类型。这种拣选也叫作归类拣选，适合对知识理解更加深入的高年级学生。

◇用图画、文字或数字作为标签，准备 6 至 20 个物体或卡片。每组学生都需要准备同一种物品用于拣选。

◇对于封闭式拣选而言，为每一类别准备一个类别框，顶端写上类别的标题或贴上类型卡片。让学生解释拣选过程或解释将事物分为一组的原因。让学生在每次拣选活动后总结发现、归纳异同。

## 运用匹配区分异同

匹配要求学生发现相似或相同的事物。有关匹配的最简单例子就是先在学前班孩子的作业本上画一个三角形，然后在一旁给出一堆图形，让他们从中找出三角形。孩子每次寻找图形，都必须进行匹配，细致辨别自己选出的图形与作业本上的三角形是否一致。

匹配关注的焦点是相等而非相同。另一个简单的例子是巧妙地匹配大小写字母。这需要更深入地掌握知识和一定的图表作为支架，学生可以从中参考 26 对大小写英文字母来辅助拣选。

让学生通过等值匹配区分异同有更复杂的方式，如使用行星的图片和定义、岩石的种类或其他科学知识分类。这种匹配要求学生更加关注事物定义的描述，能够与照片中的细节进行匹配。在数学中匹配等值公式是另一种方式，同样需要学生集中注意力，关注教学内容特定细节。

设计一项匹配活动需要遵循以下步骤：

◇选择教学内容的某一方面，要求学生密切关注细节和结构特征。

◇确定待分析的属性或特征——比如，某些特定类型岩石的颜色、形状和结构。

◇给学生作出示范，这些属性和特征如何相似或不同。

◇进一步解释这些属性和特征间的异同，必须精准地定义以描述与照片细节之间的相同之处。如果没有匹配，则不会显现出差异。

## 运用归类确定相似

归类是分类的第三种方法。之前提过，归类要求对特定知识领域有更深入的理解。学生要分析大量的概念或项目，并用最佳方式将其归为两个或两个以上种类。设计一项归类活动需要遵循以下步骤：

◇给学生一张表，列出一些概念、想法、地点、人物或事物。在实施归类活动之初，鼓励学生把表分成若干纸条，便于用纸条进行分类。

◇让学生确定列表中每个项目的重要属性，看看是否能发现共同的属性，从而帮助分类。

◇一旦学生确定了类别，要求他们在各类别间移动纸条。归类需要时间和思考。初步完成归类后，让学生休息一下，再次回来时立刻检查之前的归类是否合适或是否感到有错，这对大多数实际归类练习都有益。

◇如果学生移动了纸条，指导他们作出最终的选择。随后，确定小组最终的分类记录。

◇让学生解释和辩解，自己如何选择类别、如何将各项目归入各类。

◇和学生一起讨论，他们选择的种类是否还有更高层次的分类：可以涵盖很多项目（比如交通工具）；或者讨论是否还可以划分为更细的层次（比如汽车，房车、多功能车、小货车、厢式货车、半挂车）。让学生解释列表中的项目和所选类别之间的关系。

## 常见错误

教师在实施拣选、匹配和归类时，会出现以下常见错误：

◇教师没有向学生直接教授或示范如何分类。

◇教师接受不正确的内容分类。

◇教师让学生对没有介绍过或没有学过的知识进行分类。

◇教师让学生对琐碎细节或无关紧要的内容进行分类。

### 分类的正例和反例

下列案例涉及的年级和教学目标，可能与你的教学内容不尽相同，但了解这些正、反案例是对关键内容更有效分类的途径。

#### 小学利用拣选进行分类的正例

本案例中，教学目标为计划并开展调查，通过观察物质的特性，对不同种类的物质进行描述并分类（Next Generation Science Standards 2-PS1-1）。二年级教师收集了大量相似却不同材质的物品：塑料尺和木尺，塑料盒与玻璃苏打瓶，木质、金属和塑料汤匙。这节课的目标是让学生确定不同物品的可观察特性，从而更好地对它们进行描述和拣选。学生需要考虑的特性包括尺寸、形状、硬度和浮沉情况。教师计划此活动将贯穿一周，学生四人一组，可以在白天各开放时间段到讲台进行观察，最后需要完成填写特性表任务。在此之前，教师已经把材料放在了讲台上。

孩子们，我知道你们对讲台上的东西很好奇。今天我们将调查一下它们的特性，并根据特性对它们进行拣选和分类。特性是事物的特征（教师已经用表格的形式在黑板上写下这些特性：尺寸、形状、硬度和浮沉情况）。下面让我们看一下这张表。

教师给每组一张空白的拣选表，可在表 3.2 中看到完成的样板。她给每组成员分派了角色：记录者、观察者 1 和 2、操作者（负责把物品放置在水中的学生）。然后，她解释了每个类别的属性并问学生他们会怎样把这些物品分类。学生在组内进行讨论，如何观测尺寸和形状，讨论需要把物品放到水里观察浮沉情况。教师四处走动，并引导小组在开始调查前思考怎样检验物品的特征。

一旦所有的学生都观察了物品，每组都已经完成了特性表，教师就引领全班共同讨论作出的结论。在充分讨论后，他们回答：坚硬沉重的固体在水里会下沉；而会漂浮的物体则更轻、更富有弹性。木头比金属轻，塑料比玻璃轻。学生能确定关键内容的异同，深度理解知识，还能在家用各种物体做实验，继续建构知识。

表 3.2 根据特性拣选物体

| 物体 | 特性 | | | | | | | | | |
|---|---|---|---|---|---|---|---|---|---|---|
| | 尺寸 | | | 软硬度 | | | 重量 | | 水中的情况 | |
| | 小 | 中 | 大 | 软 | 硬 | 有弹性 | 轻 | 重 | 沉 | 浮 |
| 塑料尺 | | × | | | | × | × | | | × |
| 木尺 | | × | | | × | | × | | | |
| 塑料盒 | | × | | × | | | | × | | × |
| 玻璃苏打瓶 | | | × | | × | | | × | × | |
| 木汤匙 | | | × | | × | | × | | | × |
| 塑料汤匙 | × | | | | | × | × | | | × |
| 金属汤匙 | × | | | | × | | × | | × | |

### 小学利用拣选进行分类的反例

反例中，教师也使用了同样的教学目标。教师决定挑战学生，她只是呈现物品，让学生自行分析描述物品可能用到的属性，并列表。每个小组四张桌子，都有一套物品，学生能容易上手和检验。然而，因为缺少清晰的分类标准，教师也没有准确示范应该如何操作，学生更多的只是抓玩这些物品而不是列出特性表。她错误地认为，学生可以跳过直接教授和示范的部分，而这恰恰是课程最重要的部分。

### 中学利用归类进行分类的正例

中学案例中，教学要求是用参考点比较行星的物理特性（Utah Sixth Grade Science Core Curriculum，UT.6.III.1.b）。六年级的科学老师已经教会学生理解太阳系中各行星的相互关系和属性。学生具备了一定的背景知识，但是教师想让他们利用适宜的数码资源、课本和其他资源，给行星分类，标准有四种：大小、组成物、与太阳的距离和历史资料。

> 同学们，今天我们将用不同方式给行星分类。我先示范给你们看我是怎样根据大小来给行星分类的。通过阅读书本、利用媒体专家为我们准备的资源开展咨询，我已经对这方面有了一定的了解。然而，我还想上网查查，如何根据大小对行星分类，看看是否能找到些有价值的信息。

教师示范了研究过程，进入三个不同的有关行星的网站。她告诉学生在研究开始时她并没有按行星大小分类的坚定想法。她示范给学生看怎样选择三个类别（见表 3.3）。她向学生解释，他们需要依据组成物给行星分类。她分发了空白的图形组织者，并和学生一起把每一列的标题填好：组成物分类、行星名称、描述信息。学生开展小组合作时，教师做好巡视和监控工作，督导学生开展讨论，了解他们在图形组织者上所写内容。每组轮流使用教室内的计算机上网。一旦有学生完成图形组织者，就需要对他们的发现加以陈述归纳。大多数学生能完成图形组织者。然后，他们还有机会尝试更多的图形组织者。教师很高兴地看到，学生对于太阳系的知识了解得更加详细了，而且在大多数情况下学生还发现太阳系的相关知识仍在不断更新中。

表 3.3　用归类给行星分类

| 尺寸类别 | 行星名称 | 描述信息 |
|---|---|---|
| 小行星 | 水星、金星、地球与火星 | 直径小于 8000 英里 |
| 更小的行星 | 水星和冥王星 | 2006 年，冥王星不再是第九大行星，它被称为矮行星。水星是最小的行星 |
| 大行星 | 木星、土星、天王星、海王星 | 直径超过 30000 英里，有时被称作气体巨星 |

### 中学利用归类进行分类的反例

反例中，教师也有同样的教学目标。他比正例中的教师期望值更高，为学生制定的目标远大于正例中的教师。他把班级分成小组，每组 6 人，要求每个组依据四个属性进行分类：大小、组成物、与太阳的距离和历史资料。他没花时间向学生示范如何分类，并期望每个组都能为行星设计分类类别。部分小组中有一两个学生能指出事物的区别，但是大多数学生还是很困惑。这位教师犯的最大的错误就是没有示范和指导这一过程。

## 确定学生是否能够运用分类识别关键内容的异同

想要看看学生是否能够运用这一方法达到预期结果，必须满足两个条件：

1. 学生需要投入学习或者能够完成作品，并展现对关键内容相关知识的理解。

2. 教师必须深入开展监控行为（听、看、读、核对、检查等），从而确定学生是否真的能用有意义的方式对关键内容进行分类，确定学生能解释思想背后的原理。

针对学生运用拣选、匹配和归类进行分类的情况，检测他们是否不断进步达到预期结果的方法如下：

◇学生能和搭档适当地进行拣选、匹配和归类。

◇学生能生成自己的分类类别。

◇学生能对他们选择分类类别的原因及分类活动如何拓展了他们对关键内容的理解，作出口头解释或者用文字总结。

◇学生能够利用从教室资源中获得的信息，完成分类表。

◇学生能和同伴协商并检查他们图形组织者中所列种类和分类情况，此时教师在教室巡视并参与学生对话。

◇学生能从对比表中自行总结出与各种类别密切相关的属性列表，并上交教师检查。

◇学生能口头或文字总结通过把学习内容分类他们学到了什么。

用表 3.4 可以判定学生分类能力是否取得了进步。

表 3.4　学生运用拣选、匹配和归类的熟练程度量规

| 新手入门 | 基本掌握 | 预期达标 |
|---|---|---|
| 学生能解释由其他人完成的分类 | 学生能根据关键特征选择合适的类别 | 学生能在分类时对决定作出解释 |
| 学生能确定关键内容中与分类相关的特征 | 学生能总结分类的结果 | 学生能解释该分类如何与关键内容相联系 |
| 学生能解释他们在把什么东西分类 | | |

## 开展支架教学和拓展教学满足学生的需求

当你发现教室中有学生在为关键内容分类时遇到困难，而同时也有学生遇到了另一种相反的学习情况，此时就需要对不同的学情作出适应性调整，有的学生需要支架教学，有的学生则要进行拓展教学。

### 支架教学

◇在学生拣选时，预先提供给学生明确的类别。

◇在期望学生能够为关键内容分类前，用学生熟悉的知识展示简单的例子。

◇提供给学生更明确的示范，并用出声思考告知学生进行分类的步骤。

◇每次为一个学生提供指导，在学生有机会完成任务后，再开始下一个任务。

◇让学生用更少的类别和更少的项目来拣选、匹配和归类。

### 拓展教学

◇在学生对内容分类时，让他们自己设计图形组织者。

◇针对学生的分类结果，让学生提供更多的总结文字和结构化回答。

◇为关键内容分类增加更细化的类别和子类，让学生迎接挑战。

# 教学方法 4　运用图形组织者进行分类

分类是基于事物的特征，把相似的事物分组归类的过程。在分类时，学生和教师都会集中于寻找相似的事物。有时需要进行分类的事物更为复杂，仅仅用之前传授的拣选、匹配和归类的方法还是不够的。这时我们就需要用图形组织者来帮助学生练习，用更为深入的分析方式加深学生对学习内容的深度理解。表 4.1 解释了将关键内容分类的具体步骤。第一列列出的是分类中的各个步骤，第二列描述了该步骤的简单案例。

表 4.1 将关键内容分类的步骤

| 步骤 | 案例 |
| --- | --- |
| 选择需要分类的项目 | 将今天讲授故事中所有的单词列在黑板上，作为待分类项目 |
| 决定可以代表这些项目的主要上级类别 | 可用不同的方式给这类词分类，例如分为动词、名词、形容词和连词等类 |
| 根据概念归属，为上级类别命名，并解释该名称为何能代表该类别 | 动词、名词等所有这些上级类别名称，均根据词性命名 |
| 依据概念确定相关子类别，并解释为何某些项目属于某些类别 | 所有的名词可以分为以下子类：人物、地点或事物。名词表中包括小红帽、祖母、篮子、森林和披肩等。这些待分类项目均能够归入人物、地点或事物子类，因此它们应该归于名词大类 |

## 怎样利用图形组织者进行有效分类

可用于分类的图形组织者共有三种：（1）分类表（classification charts）；（2）亲和图（affinity diagrams）；（3）二叉流程图与二叉检索表（dichotomous flowcharts and keys）。你一旦熟练掌握这些图形组织者，会发现有多种分类方法可以将所教科目的内容进行信息分类。

## 分类表

分类表是一种将事物分类的方法，教师在结构表或网格表的表头写下类别名称，让学生将事物分组记录到各类别下。运用分类表，就必须给学生提供好表格，并在每一列表头写下类别名称，如表 4.2 所示。此外，还需要给学生一张分类用到的元素表，学生要为各个元素找到表格中对应的列。分类表是最简单、最直接的分类方式；为了更多以学生为主体运用分类表，教师需要提供开放式的任务，比如让学生给一周所学科学词汇分类，或用元素周期表给化学元素分类。

表 4.2　动词时态分类表

| 一般现在时 | 一般过去时 | 一般将来时 |
| --- | --- | --- |
| | | |
| | | |
| | | |

为了增进学生的参与，教师可以把分类活动转化成学术性游戏，类似流行的猜字游戏，如表 4.3 所示。教师可以在分类表的左边增加一列，规定每行的开头字母，让学生填写任意单词。学生可拆分自己的姓，把各字母填入。学生需要完成这一表格，但填入单词的开头字母，必须与规定的字母相同。

让学生在完成分类表填写后解释他们注意到了什么，并且确定每一列内单词的相同点和各列单词之间的不同点。完成比较活动后，学生要能够清楚地说出学习内容的异同。

表 4.3 “法语”（French）单词分类游戏

| | 一般现在时 | 一般过去时 | 一般将来时 |
|---|---|---|---|
| F | | | |
| R | | | |
| E | | | |
| N | | | |
| C | | | |
| H | | | |

## 亲和图

亲和图是一种有组织的分类表，用于展现小组开展头脑风暴后的成果。这一活动的目的是对学习内容派生出的复杂信息和问题进行归纳与分类。尽管面对的是复杂问题，但这一活动适用于所有年级。活动过程比较简单，主要基于合作思维，便于教师观察指导。表 4.4 是一个运用亲和表的课时计划。第一列中列入了教学步骤，实际的课例列在第二列中。

表 4.4 运用亲和表的课时计划

| 教学步骤 | 案例 |
|---|---|
| 1. 对学生提出一个疑问或难题 | 学生在学校没有吃营养午餐。自助餐厅也是健康的用餐选择，父母打包了一些健康食物，但学生还是把这些食物扔了。我们怎样才能鼓励孩子吃健康午餐 |
| 2. 学生开展头脑风暴并在便签或索引卡上记录想法 | 提出的想法包括：更多的选择、更长的午餐时间、品尝日、特别的水果和蔬菜沙拉、卡路里表、健康零食、父母打包更好的午餐，以及给出价格 |

（续表）

| 教学步骤 | 案例 |
|---|---|
| 3. 学生轮流阅读彼此的想法并把它们贴在一大张表格上或放在桌上。在这一过程中，他们把相似的想法分为一组并解释这样做的理由。为给每个分组命名，写上表头或标题 | 学生想出以下标题：<br>A. 改变食物<br>B. 提供动机<br>C. 教育学生<br>D. 改变规则和安排 |
| 4. 汇聚所有小组的想法，记录在班级亲和表上 | 当教师为班级大亲和表贴上标签时，每个小组的代表阅读分类标题 |
| 5. 讨论表格上的分类和想法。对相似的或经常重复出现的想法进行评价 | 在解决鼓励学生吃健康午餐这一问题时，各种分类能为学生提供思路 |

图 4.1 展示了学生通过表 4.4 收集的信息。

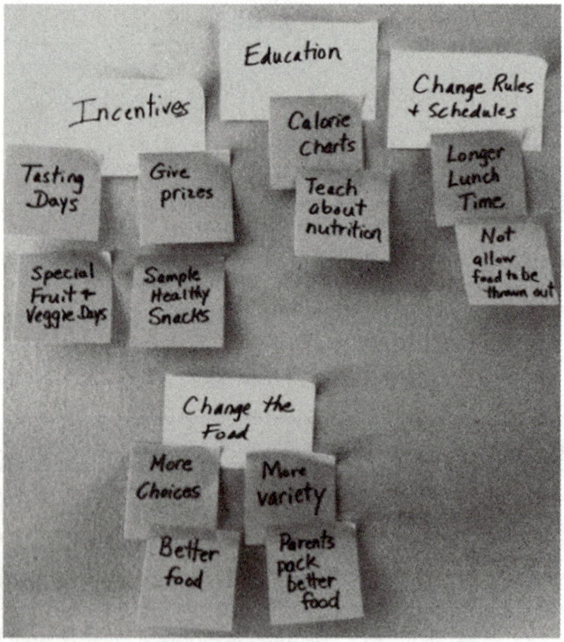


图 4.1　亲和表的例子：做什么能鼓励健康饮食？

## 二叉检索表

二叉检索表是一种图形组织者，可用于分类或确定事物种类，主要依据逻辑选择，将自然界的生物划分为不同的种类。具体形式包括二叉流程图和简单的二叉图表。二叉检索表是一种典型的二分描述，可以描述在野外找到的未知的树、鸟、菌类和野花。使用野外指南，人们就可以选择二分描述中最佳的一项说明，描述远行中遇到的未知植物或动物，随后可以进行下一对二分描述。最终，自然爱好者能准确地确定野花、鸟和特别的植物。当比较非常相似的两种事物时，二叉检索表非常有用。高年级的学生常用这一方法，在科学课堂中这一方法也十分常见。

不仅如此，此法适用于任何科目，可以帮助学生确定某一事物属于哪一种类，比如，确定某一单词属于哪种词性、某一乐曲代表哪种音乐风格。学生不需要自己原创二叉检索表，只要他们在运用二叉检索表时对内容产生更为深刻的理解，就能真正受益。在学生具备一定的二叉检索表运用经验之后，教师也可能会让学生自己构建检索表。表 4.5 就是示范如何构建二叉检索表的教学计划。

表 4.5　构建二叉检索表的教学计划示例

| 教学步骤 | 解释 |
|---|---|
| 1. 首先解释二叉检索表的概念 | 二叉检索（dichotomous）这一术语，描述了完全不同或相反的两个事物。而我们创造检索关键词，可以帮助其他人通过排除明显的特征来确定事物。图 4.2 体现了这一过程 |
| 2. 选择描述一个日常事物，用检索表描述 | 教师选择了纽扣，并给每组学生 6~10 颗纽扣 |
| 3. 为展示关键属性，决定是否要用到流程图或网格图 | 教师选用网格是因为网格更容易快速建构，而使用流程图则可能分散学生的注意力 |
| 4. 决定最明显的特征或属性，要求这一属性始终如一、容易观察 | 学生认为，最明显的特征是纽扣中孔的数量。因此他们回答了问题：纽扣有两个孔还是四个孔 |

（续表）

| 教学步骤 | 解释 |
|---|---|
| 5. 逐渐迁移到更具体的特征，所提出的问题只能有两个答案 | 学生随后回答更具体的问题：纽扣是金属材质还是塑料材质 |
| 6. 继续问更加具体的问题，直到回答完所有的问题，每个项目都分别归于一类 | 问题的每一个分支都代表了更为具体的特征，能够不断区分纽扣，直到每一种不同的属性分类路径指向唯一一颗纽扣。未来检查准确性，可以向学生演示如何从表格的最末端向上读取分类信息，即从表格尾部开始，追踪一条属性路径回溯至表格顶端 |

表 4.6 是一个二叉检索表的案例，能够展示表 4.5 所阐释的过程。

表 4.6　有关纽扣的二叉检索表

| | |
|---|---|
| 1a. 两眼扣 | 1b. 四眼扣 |
| 2a. 金属扣则转至 3a<br>2b. 塑料扣则转至 3b | 2a. 金属扣则转至 3a<br>2b. 塑料扣则转至 3b |
| 3a. 两眼金属扣<br>3b. 两眼塑料扣 | 3a. 四眼金属扣<br>3b. 四眼塑料扣 |

## 常见错误

分类学习活动适用于几乎所有年级和所有教学内容，但有效运用分类这一教学方法时还可能出现一些常见错误。如果能够避免这些错误，分类活动将会更加有效。

◇教师让学生同时对太多的事物进行分类。

◇教师太快转移到高难度的学习内容。

◇教师没能退一步让学生创造自己的分类计划。

◇教师没能明确提供学习目标，也没能指出学习内容间的紧密关系，学生无法理解分类的理由。

◇教师没有要求学生对分类如何加深理解进行总结性陈述。

## 利用图形组织者进行分类的正例和反例

尽管以下案例来自不同的年级和不同的教学内容，但审视反思这些案例能使你获得新的观点，也能为你提供一种新的方法帮助学生区别关键内容的异同。

### 小学利用图形组织者分类的正例

本案例教学目标是：通过研究云的形态确定天气模式；从个人或地区层面，学习利用云的相关数据预测天气；收集创建图表和报告所需的云和温度数据（National Oceanic and Atmospheric Administration，Standards Alignment to National Science Education Standards）。三年级教师针对这一教学目标，要求学生更加关注天空中云的形态。为了学习如何将云分类，她为学生提供了两个工具：二叉流程图（图 4.2）和简化表格版的二叉检索表（表 4.7）。教师用幻灯片展示了四种最常见的云的形态：积云、卷云、积雨云和层云。教师在引导学生运用流程图时，展示了幻灯片。幻灯片一是一堆膨胀松软的白云图片。它将把我们带向何方？幻灯片二中，云并不膨

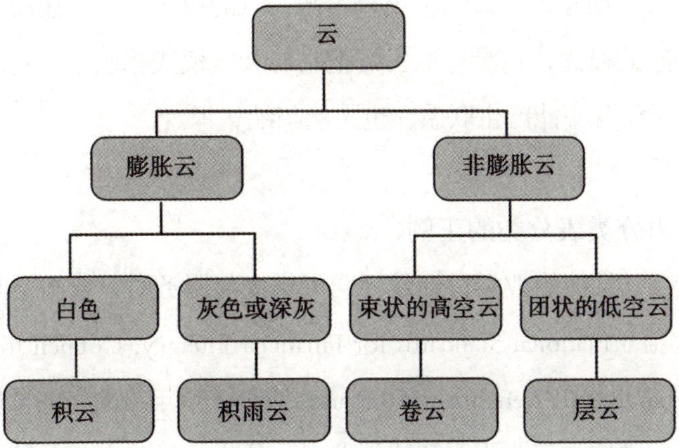


图 4.2　二叉流程图

胀松软。教师继续引导学生进行选择，直到他们指向流程图的合理位置，并清楚掌握了看到的云的类型。此时学生对云的形态有了一定的了解，教师把云的类型和天气模式联系起来。教师希望学生能够创建二叉检索表，帮助其他人运用检索表简单预测天气。学生深入完成该项任务，运用课本及大量的其他资源，包括纸质和数字资源。当学生能够分享彼此的二叉检索表，并能说出云的形态和天气之间的联系时，教师感到非常满意。

表 4.7　二叉检索表

| | |
|---|---|
| 1a. 膨胀的云 | 1b. 非膨胀的云 |
| 2a. 白色云则转至 3a<br>2b. 灰色或深灰云则转至 3b | 2a. 束状的高空云则转至 3a<br>2b. 团状的低空云则转至 3b |
| 3a. 积云<br>3b. 积雨云 | 3a. 卷云<br>3b. 层云 |

### 小学利用二叉检索表分类的反例

反例中，教学目标相同。但是教师决定把所有教学内容合并在一起，但课程内容过多难以完成——学生既要学会如何区分云层，又要把云层种类与天气模式联系起来。他没有示范建构二叉检索表的过程，也只在简单解释之后就让学生自己创建根据云的种类来预测天气的模式。学生还没有掌握云的各种基本形态的概念，也没有准备好把它与天气模式相联系。对云的种类和天气情况，学生既不能产生联系，也无法归纳认识。

### 中学利用分类表分类的正例

本案例中，具体的教学目标是：购买货物与服务时，权衡不同付款选择的成本和收益（National Standards for Financial Literacy, Council for Economic Education; Standard II: Benchmarks 8.3 and 8.4）。八年级的经济学教师已经用了一个单元，讲授如何成为明智的消费者。师生已经确定了六种不同的支付方式（见表 4.8），准备通过衡量成本和收益的方式，确定适用不同购买行为的最佳支付方式。

表 4.8 区分开支类别的分类表

| 现金 | 支票 | 信用卡 | 预付卡 | 预付定金 | 先租后买 |
| --- | --- | --- | --- | --- | --- |
| | | | | | |
| | | | | | |
| | | | | | |

学习过程采用分组合作方式，每个小组拿到一个信封，内含系列索引卡，每张卡片上写着典型的支付方式。教师要求学生自己分析什么是最好的支付方式，并对支付方式分类。具体的消费场景包括：音乐会门票、便利店的食物、机票、电话账单、学校篮球赛所需饮料、汽车保养费、客厅家具和自行车。

当学生完成卡片分类，教师让学生记录同一种支付方式下所购买物品的相同之处，并记录不同支付方式栏目之间，所列的物品有什么不同。最后，学生要总结陈述，归纳他们的发现，针对不同的消费类型推荐不同的支付方式。

学生的概括包括以下内容：

◇易耗品和低于 10 美元的商品宜用现金支付。

◇成年人使用信用卡支付 10 美元至 100 美元之间的商品。

◇对于昂贵的大型商品，如果愿意等待，可采用预付定金的方式购买。

教师对学生的结论感到满意，并准备在后续课程中继续运用这些观点。

## 中学利用分类表分类的反例

大课教室里，一位教师也在给八年级的学生教经济课，教学目标和正例中的相同。

列出你和家庭成员在过去两周所用的物品。列好之后，在物品旁写下每次支付的方式。然后，与搭档互换纸条，并根据支付方式为搭档的消费行为构建新的分类表。完成后归还彼此的表格，看看是否同意搭档的分类。数一数有多少物品是以相似的方式购买的。比如，用现金消费的有多少次？用信用卡消费的有多少次？我们将在全班范围内报告，并统计每种支付方式的总次数。

这一分类活动，尽管在核心内容上具有一定的价值，但无法让学生直接掌握描述家庭购物支付方式异同的能力。实际上，学生对任务投入越多，他们离深度理解内容就越远。教师并未要求学生归纳发现的异同，极少有学生能达到深度理解的教学目标。

## 确定学生是否能够运用图形组织者进行分类

监控这一方法是否达到预期效果，需要教师判断学生是否能确定异同。有时，师生在活动时很兴奋以至于忘记检查预期结果。以下方式可以帮助你监控学生，判断他们在使用图形组织者分类后是否理解了关键内容。

◇在教室内走动，密切关注学生学习，在小组活动时倾听学生小组内的对话。

◇问学生在用图形组织者分类时注意到或学到了什么，进行一对一口头或书面的形成性评价。

◇学生解释选择各种类别的理由。

表 4.9 包含评估学生运用分类方法熟练程度的量规，从学生新手入门开始一直到能够自主创新。

表 4.9 学生使用分类表的熟练程度量规

| 新手入门 | 基本掌握 | 预期达标 |
|---|---|---|
| 学生能解释其他人的分类 | 学生能用关键特征确定合适的分类 | 学生在分类时能够解释作出决定的理由 |
| 学生能确定分类相关的关键内容的特征 | 学生总结分类的结果 | 学生能够解释分类与关键内容的关联程度 |
| 学生能解释他们在对什么分类 | | |

## 开展支架教学和拓展教学满足学生的需求

很多方式可以为分类方法搭建支架教学与进行拓展教学。

### 支架教学

◇学生可用实物、画有图画或写有文字的卡片进行拣选活动，而其他学生逐渐运用更抽象的分类表。

◇展示待比较的事物和既定类别。

◇把学习有困难的学生混合编组，他们可以参与讨论，在分类活动开始阶段作出贡献。

### 拓展教学

◇期望学生选择自己的类别，这些类别基于多种不同原理划分。

◇创编亲和表时，选择特定的学生成为小组长。

# 教学方法 5　创造明喻和隐喻进行对比

隐喻是对表面上看似不同，而在抽象层次上，两者却有共同的模式或主题的两种事物、思想之间的比较。明喻是用“像”或“同……一样”的词语，比较不一样的事物。通常认为，隐喻比明喻的比较性更强，因为隐喻典型陈述或表达的含义为第一件事物就是第二件事物；而明喻只是表达两个事物彼此相像而已（如“生命是旅程”和“生命就像旅程”）。隐喻和明喻作为教学方法经常放在一起运用。低年级学生首先学习明喻，尤其是学习运用句干时。然而到中学后，学生通常已经具备了运用这两种比喻性语言的经验，他们需要根据比较的力度来确定使用明喻还是隐喻。

学生也许已经在文学和诗歌课程中学过隐喻和明喻，学习了如何把这两种比喻手法运用于描述性写作。然而，这并不是本方法的意图。我们设计隐喻和明喻的方法，目的在于让学生创造自己的原创性比喻，加深对学习内容的理解。为了使学生对课程内容的分析和见解能力到达新的水平，教师需要引导学生针对教学内容中的重要概念解释、创造并运用隐喻。沃默利（Wormeli，2009）称隐喻为“充电宝”，并认为它能为学习充电。

然而，创造隐喻和明喻加深对内容的理解，并不像插上充电宝给手机充电那般容易。学生需要几套不同的技能来创造隐喻和明喻：

◇对内容知识的掌握达到一定程度。

◇为创造合适的隐喻和明喻，具有判断是否缺失关键信息的认识能力。

◇具有定位缺失的关键信息、判断来源是否可靠的能力。

◇能一眼找到看似不相同的两事物间的联系，即创造性、抽象化思维能力。

◇验证推理、校验成果的能力。

◇向师生解释原理的能力。

一旦你的学生掌握了关键的基本内容、探索了定义、观察你示范如何创造隐喻和明喻后，你必将被巨大的成就感和喜悦感所围绕。想想那些少年天才，他们创造出的概念性隐喻：“电脑就是一种新办公室”，让人们知道如何适应新的个人电脑；电脑屏幕就像“办公桌”，我们有“文件”和“文件夹”，也有“垃圾”和“回收站”。隐喻的力量，帮助我们把陌生的事物变得熟悉起来，能够很快适应新的工作模式。一旦你的学生了解了隐喻和明喻的力量，他们就会渴望展示其创造力。

## 怎样有效运用隐喻和明喻

明喻和隐喻能够帮助学生在熟知和未知的事物之间建立联系，进而有助于解释复杂的概念。有时，熟悉的画面能帮助你建立联系，比如这个明喻：这个国家的移民像搅拌过的沙拉。有时，一个实物或熟悉的动作在长时记忆里可确定新的信息，比如这个隐喻：这位参议员用账单打出全垒打。然而，该方法的成功实施完全依赖于学生知识掌握的基础。

这一方法的目标是加深学生对基础知识的理解，直到它成为长时记忆的一部分。成功运用隐喻和明喻法有几个方面的内容：（1）直接教授并示范如何创造隐喻；（2）直接教授并示范如何创造明喻；（3）用句干和初始列表来创造隐喻和明喻；（4）用图形组织者创造隐喻和明喻；（5）归纳可视的隐喻。

### 直接教授并示范如何创造明喻

表 5.1 描述了教学生如何理解和创造明喻的步骤。学生如果不理解什么是明喻，也没有足够的练习去创造并完成明喻，就无法进一步转到创造隐喻的道路上。

表 5.1 教授和示范明喻的课时计划

| 教学步骤 | 解释 |
| --- | --- |
| 1. 用学生熟悉的定义介绍词语 | 明喻是在两个有相似特征的事物间进行比较。你可以简单地确定一句话是否是明喻，因为它包含“像”这样的词 |
| 2. 展示简单、清晰的明喻，教给学生明喻的概念 | 如有可能，从学习内容选择例子。用实物协助阐释概念。比如：我们的政府像树的分枝 |
| 3. 引导一个班级讨论，要求学生在明喻的两个元素中进行比较 | 接受所有合理的答案，但是要让学生解释理由 |
| 4. 引导学生列出明喻中每个元素的属性或重要特征 | 让班级中一半学生列出明喻的一部分的属性（政府），另一半学生列出其他部分的属性（树的分枝） |
| 5. 让学生用列出的属性进一步比较 | 随着比较列表的增多，明喻的力度也在变强 |

当学生能完全理解明喻的概念后，就可以过渡到更强有力的比喻修辞法上，即隐喻。表 5.2 就如何创造隐喻给出了直接教学和示范教学计划。

## 直接教授并示范如何创造隐喻

创造隐喻对于很多学生而言是一项有难度的任务。教授如何创造隐喻的第一步，应该是示范并进行出声思考。句子主干和初始列表这两个工具能够帮助学生创造隐喻。表 5.2 所示的隐喻示范教学计划用到了这些工具辅助创造隐喻。表格第一列为教学步骤，第二列为每一步骤提供额外的解释和描述。

表 5.2 用句干和初始列表创造隐喻的教学步骤

| 教学步骤 | 解释和描述 |
| --- | --- |
| 1. 用学生易接受的定义介绍词语 | 提醒学生关于明喻的定义，并解释隐喻的定义：一个隐含的比较。同时，根据学生年级和教学内容，对“隐含”这个词加以定义（比如，暗指、未声明或未说出） |

（续表）

| 教学步骤 | 解释和描述 |
|---|---|
| 2. 给学生作示范，用学习内容中的主题创造隐喻 | 对于高年级的学生而言，单词的词性是一个熟悉的主题，可用于示范。列出各类词性，作为主题。随后选择其中一个词性：连词 |
| 3. 向学生展示并列出你记忆中连词的属性 | 连词是短词，但它们很重要。连词联系了句子中一系列的词和分句，而且连词提醒读者为下面的句子和列表做好准备 |
| 4. 一旦你列出了连词的相关属性，就在图 5.1 的初始列表中寻找其中是否有单词与连词相似 | 有关事物的这一类单词中有一些有趣的词。“桥”这个词马上凸显出来，它是指连接两块土地的物体，就像连词是联系词语和短语一样 |
| 5. 现在你已经创造了自己的隐喻，从表 5.3 中选择一个句干，向学生展示你如何以不同的方式写出隐喻 | 向学生展示不同的例子，并以出声思考的方式说明你最喜欢的例子，并给出理由 |

动作：量体温，拍快照，开门，走钢丝，拔河，把头撞到墙上

动物：章鱼、变色龙、寄生虫、鲫鱼、狐狸、孔雀、天鹅、鸵鸟

商业：谷歌，安然，埃德塞尔，特百惠

情感表达：众志成城，如出一辙，酷似双亲，一飞冲天，重新振作，蹒跚学步，乐天派，景观房，另辟蹊径，临渴掘井

自然：日落，兴衰枯荣，食物链，出生，分水岭

人类：未经雕琢，教母仙女，国王，小丑

谚语：一线生机，新官上任，笨鸟先飞，一丘之貉

运动：击出全垒打，近在咫尺，指定球手

事物：魔鬼，地图，书，镜头，锚，梯子，雨伞，雷达，马戏团，马具，桥，温度计，码尺，多米诺骨牌，回力镖，尾迹（水），黎明，心跳，癌症，安慰毯，眼罩，大型马戏团，镜子，消防软管，情书

时间：我们生活的十二月，纪元

天气：晴朗，结冰，风暴，雾，旋风

图 5.1　创造隐喻和明喻的初始列表

表 5.3 创造隐喻的句干样例

| 句子主干 | 例子 |
| --- | --- |
| ________ 真是一个（或其他量词）________ | 在我的写作中，连词真是一座桥梁 |
| 认为 ________ 和 ________ 一样 | 认为连词和“桥”一样 |
| ________ 让我想起 ________，因为 ________ | 连词让我想起桥，因为它们都能连接重要的事物 |

## 用图形组织者创造隐喻和明喻

表 5.4 展示了一种图形组织者，它可以帮助学生分析隐喻和明喻，进而更好地理解内容。下面的案例来自一个四年级班级，他们正在学习人体系统。教师用图形组织者在两列中对隐喻的相似元素进行描述，在中心列呈现了比较双方的共同特征或主题，为学生精心创作隐喻提供了结构化辅助。仅仅创造这类容易记忆的隐喻，不是教师的最终目标。隐喻（和明喻）是帮助学生更全身心地投入学习内容的有力工具。

表 5.4 用图形组织者创造隐喻

| 隐喻：人的身体是一座房子 | | |
| --- | --- | --- |
| 元素 1：人的身体 | 共同特征或主题（归纳） | 元素 2：房子 |
| 人的身体组织和器官在系统中协同工作——例如，骨骼系统、神经系统和消化系统 | 由各系统组成 | 房子内的事物协同起来成为一个整体结构，例如电器、管道系统和空调系统 |
| 身体系统协同工作从而保持人的健康；神经系统依赖健康的骨骼系统发挥功效 | 各系统是相互依赖的 | 房子中的系统依靠其他系统有效、安全、流畅地操作和运转<br><br>空调系统依赖设计良好的框架结构，包含并规划有各种部件 |

## 常见错误

有效实施隐喻和明喻是一项复杂任务，如果想要顺利开展，就必须避免犯以下错误：

◇教师假设学生已熟悉隐喻和明喻的基础知识。

◇教师对于学生的语言和文化背景缺少注意，这会使明喻和隐喻变得难以理解。

◇教师没有要求学生在创造明喻和隐喻之前列出属性表。

◇列属性表时，教师没用物体、相片和其他实物协助。

◇在学生阐释比较时，教师没能适当地改错。

◇教师没能对比恰当的比较，改正学生的错误比较。

◇教师提供了太多复杂或晦涩的隐喻。

◇教师没能理解隐喻的重点：澄清学习内容中的概念。

◇教师把文学和诗歌中的比喻手法和掌握学习内容用到的明喻、隐喻比较混为一谈。

### 创造明喻和隐喻的正例和反例

以下是创造明喻和隐喻的两个正例（小学和中学），以及对应的反例。注意正例中的教师展示有效利用比喻的方式，并注意反例中教师是如何出现常见错误的。

#### 小学创造明喻和隐喻的正例

本案例中具体的教学目标为：解释连词、介词和感叹词等功能，解释它们在具体句子中的作用（CCSS English Language Arts Standard for Language L.5.1.a）。教学对象为五年级的学生，他们已学习如何确定词性，但认识连词还有一定的困难。教师决定用明喻帮助学生进一步加深对连词功能的理解。她用直接教学的方法，把明喻的句干展示给学生：连词就像一座桥，是因为……她又给学生以下指导：

> 我已在黑板上写下一个明喻：连词就像一座桥。你们的任务是发现这个明喻精确的原因。你需要回答为什么，在“是因为”后面写上句子，告诉我连词像桥的理由。（之前已经给学生编号，分为 1 组、2 组，便于分配任务）我想让第 1 组同学找出你们想到的连词的所有属性。我想让第 2 组同学用因特网查询各种桥的照片。第 1 组要参考锚定图表中的连词例子和句子中的用法。我将给你们 15 分钟完成这些任务，然后我们将结合两组的发现，共同创造一个明喻。

在确定属性、收集桥的图片之后，同学们聚集回来分享彼此的信息。他们群策群力解释明喻，认为最好的回答就是：连词就像一座桥，是因为连词连接了一个句子的两个部分。随后，学生总结这一活动如何帮助他们更好理解运用连词的目的。

### 小学创造明喻和隐喻的反例

反例中，教师则选了个不同的教学目标：解释比喻性语言，包括上下文中的明喻和隐喻（CCSS English Language Arts Standard for Language L.5.5.a）。用隐喻和明喻帮助学生理解学习内容中的比喻与阅读文学作品、散文中的比喻性修辞手法，两者大不相同。教师的这节课严格意义上来说是比喻修辞课，而未能帮助学生把握不同学科内容上的细微差别。这一方法的目的是让学生生成自己的明喻和隐喻。反例中教师犯的第一个错误就是选择了和预期结果不符的教学目标。

### 中学创造明喻和隐喻的正例

以下中学正例和反例的教学目标相同：书写并理解以下两个形式的等式：$x+p=q$ 和 $px=q$，其中 $p$，$q$ 和 $x$ 是非负有理数，运用等式解决真实世界问题与数学问题（CCSS Mathematics Standard 6.EE.B.7）。

六年级数学老师正帮助学生理解等式中的字母——它能代表具体数值。课程聚焦于让学生学习在等式两边进行同样的操作，并解出变量的值。为了帮助学生深度理解如何解等式与表达式，教师用明喻的方法，将新知识（等式）与旧知识（天平）进行比较。

> 同学们，我将把明喻写在黑板上。明喻是用“像”这个词对两个不同的事物进行比较。今天我们要看到的明喻是：**等式就像一个天平**。这里就有一个等式（为了帮助学生理解她所说的，她写下了一个等式的例子：$2x+3=25$）。等式是这个明喻的第一元素，第二元素是天平。毫无疑问，你已在科学课中用过天平，但是如果你还没有用过，就需要花一些时间先做实验，用天平和砝码称量一些苹果（教师拿出一个天平、一袋苹果和一些砝码）。

教师监控后确认大部分学生都已熟知等式，也理解天平的工作原理。他们需要信息来确定天平与等式之间的异同。随后学生和搭档一起，用表5.5中的图形组织者帮助理解明喻。在运用图形组织者之后，两人共同写下一个关于等式和天平之间相似点的总结。表5.5展示了一组学生完成图形组织者的情况。附录中的“资源A.8”包含了一个图形组织者模板，可参考使用。

表 5.5 用图形组织者进行明喻的案例

| 明喻：等式就像一个天平 | | |
| --- | --- | --- |
| 元素 1：等式 | 共同特征或主题（归纳） | 元素 2：天平 |
| 有一组数字以及变量，表达和某事相等<br>例：$2x+3=25$　　$2x+3>25$ | 有表达相等（平衡）或不等（不平衡）的两面 | 有两个量盘，能分开承载两个物体 |
| 在等式中，左边的表达式必须和右边相等 | 每一边必须和另一边相等才能维持平衡 | 量盘必须承载同样重量的物体才能维持平衡 |
| 为了解出变量，必须对等式两边进行同样的操作（等式左边减 3，右边也要减 3） | 如果一边改变，另一边也必须进行同样的改变，以维持平衡 | 如果左边量盘上的物体或重量发生改变，右边的也必须改变同样的重量以维持平衡 |

## 中学创造明喻和隐喻的反例

反例中，教师也用明喻开始授课，但是方法和他的同事不同。他在黑板上写出“等式就像一个天平”，并把图形组织者分发下去；随后，指导学生迅速而安静地完成属性表的填写，然后给出一般结论。一些学生能快速理解明喻，但也有很多学生问：“天平是什么？”哪怕那些知道天平的学生对等式也不够熟悉，无法指出等式和天平之间的联系。学生无法归纳，也无法加深对等式的理解。这个活动无法产生有价值的学习体验。教师的错误在于没有核查学生是否熟悉掌握明喻的各部分，学生首先必须能够列出每个项目的属性，随后才能进行比较；教师没有提供一个学生能看到或能操作的天平，学生也没有使用变量的经验；此外，教师让学生单独完成任务，学生们没有互相学习和分享想法的机会。

## 确定学生能否创造隐喻和明喻区分异同

想要判定学生能否通过创造隐喻和明喻对学习内容达到深度的理解，就必须谨慎地进行监控。监控学生创造隐喻和明喻，关系到学生对学习内容的深入理解，这几乎和教学、示范方法同样具有挑战性。以下是一些监控方法，判定学生能否通过创造隐喻和明喻揭示关键学习内容的异同。

◇学生能完成和解释教师展示的隐喻和明喻。

◇学生编写一张隐喻和明喻的元素属性表，完成并解释该表。

◇学生用句干和初始列表创造隐喻和明喻。

表 5.6 是一张学生熟练程度量规，能够评估学生创造隐喻和明喻、区分关键内容异同的进步和熟练程度。

表 5.6　创造隐喻和明喻区分异同的熟练程度量规

| 新手入门 | 基本掌握 | 预期达标 |
|---|---|---|
| 学生能确定比喻元素的重要属性，还能确定不重要的属性 | 学生能准确解释给出的隐喻和明喻<br><br>学生能创造一个与内容相关的明喻或隐喻<br><br>学生能确定比喻中重要的内容观念 | 学生能准确地创造明喻和隐喻，来概括学习内容的异同<br><br>学生能解释隐喻和明喻怎样和学习内容相关 |

## 开展支架教学和拓展教学满足学生的需求

当你能够娴熟地教授和示范创造隐喻和明喻，加深学生对学习内容的理解，就能更容易地确定那些需要帮助的学生和学有余力的学生。运用以下方法，可激发灵感，精确满足不同类型学生的个性需求。

## 支架教学

运用以下方法，支持需要帮助的学生：

◇提供句干或初始列表，帮助学生比较。

◇在过渡到更难的学习内容之前，用更容易的例子帮助学生理解明喻和隐喻的概念。

◇把学习困难的学生放在四人小组中，小组成员水平各异，让学习同伴提供帮助和示范。

◇用结构化图形组织者帮助学生，在创造隐喻和明喻的过程中一点一点取得进步。

## 拓展教学

运用以下方法，为已经掌握创造隐喻和明喻的学生提出额外的挑战：

◇鼓励学生生成比较所需的主题和参考文献。

◇要求学生开发初始列表，或为当前的课堂教学内容持续地添加主题或事物。

◇要求学生在阅读课文时关注到运用隐喻的内容，并且做好收集整理。

◇要求学生指出关键学习内容中适用创造隐喻和明喻的例子。

# 教学方法 6　创造类比进行对比

类比是一种比较两对不同事物间关系的方法。不要仅在教授和检查词语上使用类比法，还要用它强化训练学生对内容的理解。由于学生需要仔细检查类比项目、分解并完成一组类比或者创造自己的类比，他们将使用发现的异同之处确认并创造新的学习。你也许已注意到学生在学习中经常运用隐喻和明喻，在讨论中则常常使用类比。两者间有紧密的联系。

实际上，类比可被认为是隐喻的一种。两者都包括对异同（如单词、数字、概念的异同）的密切分析，而且两者都可以用来支持主张或澄清内容。用之前区别异同的方法，教师教学的工作量会因学生的知识、经验以及教学内容的难易而有所不同。类似地，你也会希望学生能够流畅地理解并注意到类比推理方法，逐步开始运用这一方法解释或理解概念的意义。然而，你也许想通过提供大部分信息来开始，循序渐进地让学生承担更多责任。

## 怎样有效进行类比

当学生已经掌握了一些基本知识，此时运用类比操练并加深学生对关键内容的理解，将能够发挥最佳效果。如果你对大部分学生有信心，了解到他们对相关主题和单元学习已经掌握了基础知识，就可以有效地实施类比法。有效运用创造类比有两方面要点：（1）直接教授并示范创造基本类比；（2）用句干创造类比。

### 直接教授并示范创造基本类比

表 6.1 是教授学生创造基本类比的教学计划。左列描述了教师的行动，右列进一步描述并解释了这一行动。记住，大多数学生已经适应了文学作品中的类比修辞。这是一个更为困难的过程，因为它需要学生对知识掌握达到一定水平。

表 6.1　创造基本类比的教学计划

| 教学步骤 | 描述和解释 |
|---|---|
| 1. 针对重要项目和概念，准备一些学生易于理解的定义并进行展示，用于创造类比 | 类比（Analogy）：两对项目之间的关系<br>元素（Element）：类比中的独立概念<br>来源（Source）：指代类比中第一且最著名的概念<br>目标（Target）：指代类比中第二且不太有名的概念<br>格式（Format）：展示类比的多种方式<br>（见表 6.2　创造类比的格式） |
| 2. 展示一个简单的含有熟悉元素的类比，用这个类比解释类比的不同方面 | 睡美人：童话故事：：冰淇淋：甜品<br>以上类比中有四个元素。头两个称为来源，后两个是目标。以亚里士多德格式呈现，以冒号分割元素，以双冒号分割来源和目标 |
| 3. 当你准备以教学内容为基础，创作类比时，首先向学生解释任务，要求他们分辨出前两个事物的关系，并在第二组事物中应用同样的关系 | 基于关键学习内容建立原创的类比，需要大量的背景知识 |
| 4. 结合学习内容，展示一个部分完成的类比，如表格右侧所示 | 加拿大：北美洲：：摩洛哥：______ |
| 5. 让学生决定两个概念间的关系，为这一过程搭建支架的方式之一，是让学生用类比第一部分词语造句，用以解释词语之间的关系："加拿大是一个位于北美大陆的国家。"之后学生就能套用基本句式，并利用类比在第二部分填入合适词语："摩洛哥是一个位于非洲的国家。" | 就像教学步骤 4 中所展示的，尽管学生只是完成了教师提出的类比样例，但该过程要求学生知道这三个地理概念的种类及其关键属性<br>（见表 6.3　类比中的常见关系） |

创造类比可以运用四种格式：（1）完形格式；（2）亚里士多德格式；（3）可视格式；（4）图形组织者（见表 6.2）。完形格式为师生教学提供了灵活性。你可以通过填入一两个空创造多种句干，为学生搭建支架；或者，也可以让学生用完形格式原创一种类比格式。总之，完形格式中提供的词，为学生的思维指明正确方向。如你所想，亚里士多德格式来源于希腊先哲亚

里士多德。在这一格式中，单冒号和双冒号出现在完形格式中词语出现的位置。可视格式中运用了图画或照片等一系列几何图形，以此代替更常见的单词。海勒（Hyerle，1996）则推荐将图形组织者作为运用类比呈现事物关系的方法。图形组织者要求学生以非常特别的方式陈述两套项目之间的关系。

表 6.2 创造类比的格式

| 描述 | 案例 |
|---|---|
| 完形格式 | ____ 对于 ____ 像 ____ 对于 ____ |
| 亚里士多德格式 | ____:____::____:____ |
| 可视格式 | □对于□像 △ 对于△ |
| 图形组织者 | 哺乳动物 鱼<br>猴子 类别和成员 鲤鱼<br>来源：改编自海勒的文章（Hyerle，1996） |

表 6.3 类比中的常见关系

| 关系类型 | 例子 | 解释类比关系和测试类比逻辑的句子 |
|---|---|---|
| 反义词 | 进攻：防守：：击球手：投手 | 进攻是防守的反义词；<br>击球手站在投手的对面 |
| 同义词 | 承诺：誓言：：条约：协议 | 承诺是一种誓言；<br>条约是一种协议 |
| 范畴 / 样例 | 哺乳动物：猴子：：鱼：鲤鱼 | 猴子是哺乳动物的一个样例；<br>鲤鱼是鱼类的一个样例 |
| 样例 / 范畴 | 睡美人：童话故事：：冰淇淋：甜品 | 睡美人是童话故事中的一个样例；<br>冰淇淋是甜品中的一个样例 |
| 种类 / 成员 | 变质岩：大理石：：火成岩：玄武岩：：沉积岩：石灰岩 | 变质岩是岩石的一类，而大理石是其中的一种；<br>火成岩是岩石的一类，而玄武岩是其中的一种；<br>沉积岩是岩石的一类，而石灰岩是其中的一种 |

（续表）

| 关系类型 | 例子 | 解释类比关系和测试类比逻辑的句子 |
|---|---|---|
| 部分 / 整体 | 支点：杠杆：：铰链：门 | 支点是杠杆的一部分；铰链是门的一部分 |
| 整体 / 部分 | 城市：社区：：社区：街道 | 城市包含社区；社区包含街道 |
| 功能 / 物体 | 泥瓦匠：石头：：木匠：木头 | 泥瓦匠用石头；木匠用木头 |
| 中介 / 目的 | 防晒霜：晒黑：：疫苗：流感 | 防晒霜防止晒黑；疫苗防止流感 |
| 定量 / 大小 | 年：月：：月：日 | 年由月组成；月由日组成 |
| 原因 / 结果 | 下雨：泥潭：：核反应：辐射 | 下雨导致泥泞；核反应导致辐射 |

## 用句干创造类比

句干是帮助学生创造类比的最有效方式之一。表 6.4 展示了教授学生用句干创造类比的课程计划。

表 6.4　用句干创造类比的课程计划

| 教学步骤 | 描述和解释 |
|---|---|
| 1. 创造一个与类比有关的句干；用只缺了一个元素的例子开始 | 一杯对于一品脱相当于一品脱对于 ______<br>总数对于加法相当于商对于 ______ |
| 2. 当学生能够更加娴熟地填补缺失元素时，用缺失了两个元素的句干挑战他们 | 一杯对于一品脱相当于 ______ 对于 ______<br>总数对于加法相当于 ______ 对于 ______ |
| 3. 接下来要用更加开放式的事物增加类比难度，例如美国历史课中的案例 | 富兰克林 · 德兰诺 · 罗斯福对于 ______ 像 ______ 对于 ______ |
| 4. 这个句干来自经济学课堂 | 破产对于 ______ 像 ______ 对于 ______ |

（续表）

| 教学步骤 | 描述和解释 |
|---|---|
| 5. 要求学生至少选择右列中 5 个选项之一，合作完成句干 | 1. 口头完成句子主干，与搭档和小组分享<br>2. 用画画、图表或戏剧表演等非语言的方式完成句子主干<br>3. 用课文或笔记独立完成句子主干，随后在小组内比较答案<br>4. 小组内汇聚所有回答，综合这些答案或选择最佳答案<br>5. 独立完成句子主干，随后参考课本或笔记，修正答案 |
| 6. 讨论学生的回答，注意各种回答的不同点或相似点 | |
| 7. 检测每个类比中的逻辑正确与否 | 类比有对应性吗？类比有效吗？它增加了学生对内容的理解吗？ |

## 常见错误

教授并示范类比时，如果你提前知道可能会出现哪些问题，你就会增加成功实施这一方法的概率。注意以下的常见错误：

◇在要求学生完成部分类比时，教师假定学生能够自动联系到关键内容。

◇教师直接接受了第一个答案，没有鼓励学生思考更多答案。

◇类比时，教师没有要求学生写出完整的句子来表明准确的关系。

◇教师比较了两个根本不相似的概念，削弱了类比的力度。

◇教师没能向学生示范，怎样确认类比完全对应、与前后关系顺序恰当。

◇教师没能让学生注意到，词语可能有许多相互关联的方式。

◇教师对内容知识掌握不够、教学专业水平不高，无法教授高水平思维技能。

◇教师没能展示并持续运用学生易接受的类比相关定义。

◇教师没能直接教授并示范类比中的常见关系。

## 利用类比区分异同的正例和反例

以下课堂中的正例和反例展示了如何利用类比帮助学生区分异同。

### 小学利用类比区分异同的正例

用类比区分异同的小学案例基于以下的教学目标：理解美国独立战争的原因，推动独立运动发展的相关思想和利益，美国取得胜利的原因（National Center for History and the Schools History Standards：Revolution and the New Nation Era, Standard 1a）。五年级教师已经用了五周的时间向学生介绍独立战争之前的美国殖民地时期历史。现在，教师想要学生了解在英国和殖民地之间爆发战争的原因。为了帮助学生更深入地理解内容，他决定使用类比的方法。

> 同学们，你们已经对美国殖民地时期历史有所了解——谁发现了美洲大陆，怎么被发现，以及美洲在英国统治下持续增长的挫败感。似乎显而易见，殖民地想要脱离英国的统治，但是，我们还是需要看看是否能深入理解两者之间的关系。我们也许能够发现，两百年前发生的事情并不像我们现在想象的那样简单。

教师通过引导学生确定宗主国和殖民地人们的行为、态度和信念（等属性），开始讲授类比课。在小组合作中，他监控学生并确认他们的思考不要离开主题。随后，他引导全班针对两方的关系展开讨论，他问道：“看到两方的关系，你想到什么？”随后，他指导学生两人一组用下面的框架建构类比：英国对于美洲殖民地就像 ______________ 对于 ____________。有的学生说是父母 / 子女关系，有的则说是主人 / 宠物关系，其他人则认为是绳球 / 立杆的关系。当学生讨论各种可能性时，他们逐步扭转了父母 / 子女关系的思想，并同意图 6.1 所显示的类比。教师通过让学生写简短的总结结束了这节课。他在教室内来回走动，和学生一起合作并给予建议，最终完成的类比如图 6.1 所示。

来源：改编自海勒的文章（Hyerle，1996）

图 6.1 美国历史类比的图形组织者样本

## 小学利用类比区分异同的反例

反例中，教师采用与正例相同的教学目标，但是教学方法不一样。开始，她让学生读六页课本了解美国殖民地历史；随后两天她又在课程中播放了视频：《自由战士》。第三天进行类比活动，展示一个类比并让学生完成：英国：殖民地相当于 ________：________。

> 我想让你们小组合作开展头脑风暴，想到尽可能多的方式完成类比。首先，回忆一下你掌握的英国、殖民地以及他们之间关系的相关知识，然后完成类比。

学生努力尝试创造合适的类比，但结果令教师失望。不出所料，她犯了一些常见错误。首先学生并没有掌握牢固的学习内容；教师也没有花时间列出英国和殖民地的属性，更没有解释它们之间的关系中导致独立战争的一方面，而这是教学重点；最后，教师没有充分教授并示范如何创造类比。

## 中学创造类比区分异同的正例

中学案例基于以下学习目标：分析作者是怎样吸收素材，并将其迁移到具体作品上的；比如莎士比亚是怎样处理某主题，或此后的作家是如何借鉴莎士比亚戏剧的（CCSS English Language Arts Standard for Literacy RL.9–10）。

一个新生班利用一个学期的英语课阅读莎士比亚，对这位剧作家及其戏剧掌握了一些基本知识。教师想要激发学生进一步深入思考莎士比亚对伊丽莎白一世时期戏剧发展的重要性和影响。她让学生综合思考莎士比亚如何吸收前人的素材，而后世剧作家又是如何吸收莎士比亚戏剧的素材。为了帮助学生思考，教师展示一组句干，让学生进行类比，最终需要学生完成句干并解释他们是如何推理的。

威廉·莎士比亚对于伊丽莎白一世时期的戏剧就像 ______ 对于 ______。

《西区故事》对于《罗密欧与朱丽叶》就像 ______ 对于 ______。

学生开展小组合作，并对每个句干都做几种回答，老师允许他们花时间在网络上查找资料。表 6.5 展示学生的几种回答和创造类比的推理过程。

表 6.5　学生创造的类比样例

| 类比 | 推理 |
| --- | --- |
| 莎士比亚对于伊丽莎白一世时期的戏剧就像乔治·克鲁尼对于大众电影 | 克鲁尼研究历史事件，并基于历史事件创作电影。他的作品就像莎士比亚的作品一样流行 |
| 莎士比亚对于伊丽莎白一世时期的戏剧就像当前电视剧界的乔治·斯图尔特 | 乔治·斯图尔特用有趣的方式阐释社会事件 |
| 《西区故事》对于《罗密欧与朱丽叶》就像《刁蛮公主》对于《驯悍记》 | 《西区故事》和《刁蛮公主》都是基于莎士比亚作品改编的百老汇剧作 |

## 中学创造类比区分异同的反例

中学反例中，教师需要实现的教学目标与正例中的一致，他也让学生完成一个相似的句干。

《西区故事》对于《罗密欧与朱丽叶》就像 ________ 对于 ________。

由于莎士比亚和戏剧是教师所学专业，他用幻灯片呈现了改编自莎翁戏剧的电影。他找了十部电影的片段，放给学生看，并告诉学生这些电影均源于莎翁戏剧。学生在观看过程中要做笔记。幻灯片放映结束以后，教师要求学生选一个电影片段并完成句干。

总而言之，这更像是一节娱乐课，教师是唯一动起来的人。学生依赖教师的研究和分析，在不需要深入思考的情况下，他们就得到了相似点和不同点。在这里，教师可进一步增加学习任务的难度，赋予学生挖掘更多学习内容的责任。

## 确定学生是否能创造类比区分异同

这一方法的预期结果是学生通过创造类比，对学习内容产生新的或更加深入的思考。区分异同的特别之处可能也正是有挑战性的部分，这对学生的要求比较高。密切、持续的监控需要贯彻学习过程始终。为了监控学生是否扩展了相关知识，我们提出以下建议：

◇在学生讨论想法、创造类比时，教师四处走动并倾听。

◇学生需要面向全班，解释特别元素的推理或完成类比。

◇学生独立完成图形组织者并上交。

◇学生解释类比如何帮助他们理解和记住关键的学习内容。

◇学生能够依据学习内容创造类比。

◇学生能够驾驭数字资源寻找完成类比所需的信息。

教师可参考表 6.6 来评价学生通过创造类比区分异同的进步情况。

表 6.6　学生创造类比区分异同的熟练程度量规

| 新手入门 | 基本掌握 | 预期达标 |
|---|---|---|
| 当给定包含正确回答的选项时，学生能准确完成与学习内容相关的类比 | 学生能精确解释与学习内容相关的类比 | 针对教学内容中各元素的重要关系，学生能准确解释和创造类比 |

（续表）

| 新手入门 | 基本掌握 | 预期达标 |
| --- | --- | --- |
| 学生能在提示下，确定来源元素之间的关系 | 学生能够解释类比如何帮助自己更好地理解学习内容 | 学生能解释类比如何帮助自己更好地理解学习内容<br>在只给出第一组来源元素情况下，学生能够解释并自己创造类比 |

## 开展支架教学和拓展教学满足学生的需求

对于学习上有困难、需要不断复习关键内容的学生，以及牢固掌握知识并可以与同学分享的学生，教师需要针对性地运用支架教学或拓展教学，为他们提供有益的帮助。

### 支架教学

◇把学习类比的过程分解成小步骤，在任务的每一步的开端陪伴学生。

◇基于更为简单但仍然是重要的概念，提供更为容易的类比。

◇提供可视的或具体的实物以帮助学生澄清概念。

◇提供图形组织者与学生共同完成类比，提示学生解释推理的过程。这样你就对学生的掌握程度更加了解，知道需要弥补哪些知识缺陷。

### 拓展教学

◇根据教学内容和学情提供不同的类比，让有天分的学生挑战更难的任务。

◇让学生根据自身的经历和学习内容创造类比，要求他们详细说明并解释类比如何加深了他们对内容的理解。

# 结 语

本书旨在帮助教师开展更加有效的课堂教学。如你所见，本书的出发点就是让教师更熟练地帮助学生区分异同。

为了检验本书目标是否达成，教师不仅要从学生中收集信息，还要从导师或者同事中寻求反馈，以找到志同道合之人。同时在策略的实施过程中，积极开展有意义的反思。这样一来，即使教师没能从本书中学得零星技巧，至少也可认识到监控的重要性。监控是教师的专业水平以及学生的学习成绩增长的临界点。策略使用并不是终点，教师的目标应该是预期结果：要有充分的证据确保学生能通过区分异同对所学内容形成深刻的认识。

为了更有效地实施本书策略，请遵循以下三个步骤：

1. 在策略实施过程中，发挥自身的能力和创造力对本书中的各种教学方法进行适应性改编。

2. 对预期结果进行监控。换句话说，就是在使用某教学方法的同时，对其有效性进行分析。

3. 如果监控结果显示，因为教师没有提供充分的教学指导而导致学生未能实现预期结果，这时教师便要想办法改变和调整。

毫无疑问，本书可以作为教师提升个人专业技能的行为指南，但是当教师与同事一同研读和实践时，必将获益更多。

**反思与讨论问题**

在小组会议或向教练、导师或督学会面寻求精神食粮前，教师可以使用以下的反思与讨论问题：

1. 在阅读和实施本书的教学方法之后，你的教学发生了怎样的变化？

2. 在为学生提供支架教学和拓展教学的过程中，你总结出哪些调整和改进教学方法的技巧？

3. 在实施本书教学策略的过程中，你遇到的最大挑战是什么？

4. 实施本书教学策略后，学生的学习发生了哪些变化？

5. 你会如何与同年级或同一部门的同事分享学到的东西？

# 资 源

## 可复制的句干模板（A.1）

__________________ 与 __________________ 非常相似，是因为他们都 ______________________________________。

他们有所区别，是因为 ______________________________________
______________________________________ 并且 __________________
______________________________________。

## 可复制的维恩图模板（A.2）

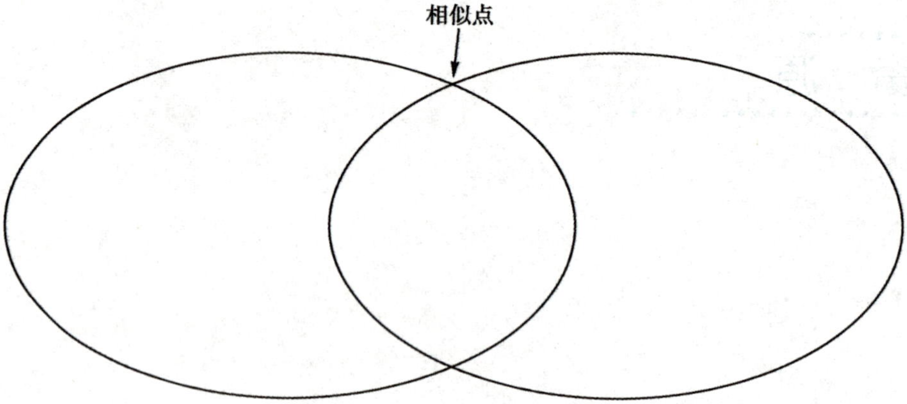


我注意到，两者的相似和不同在于：

## 可复制的三圈维恩图模板（A.3）

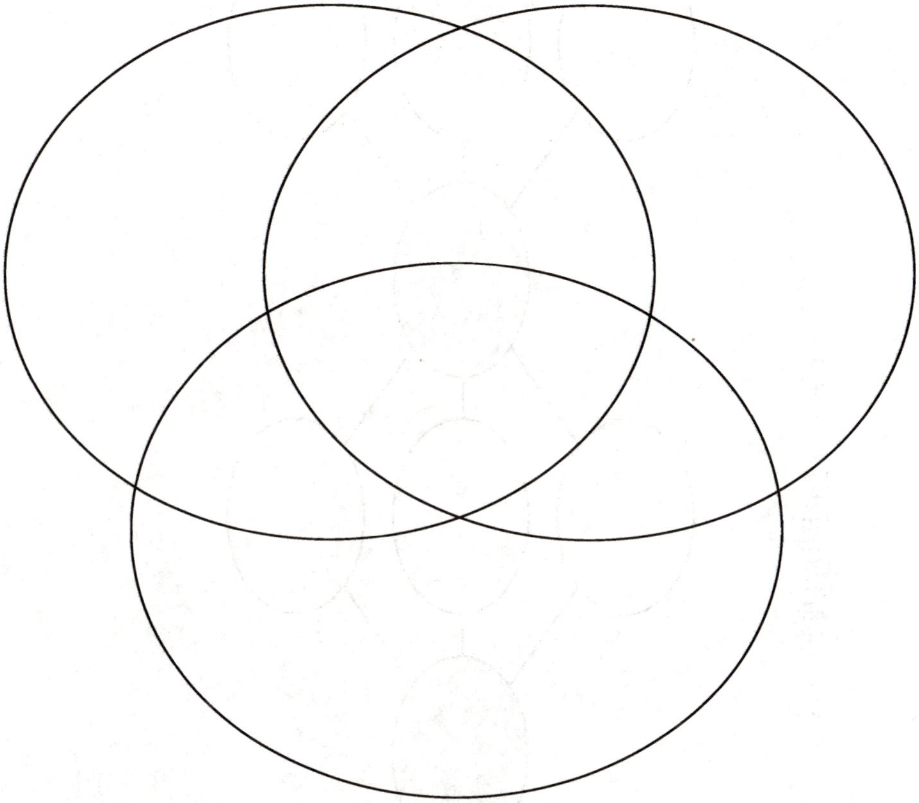

## 可复制的双泡图模板（A.4）

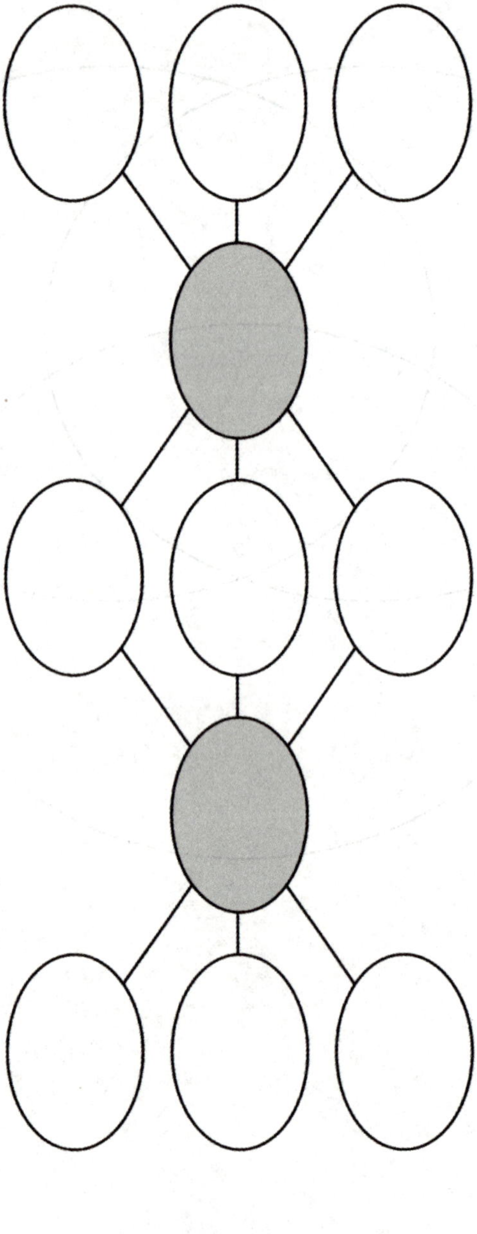

## 可复制的比较矩阵模板（A.5）

比较矩阵：______________ 与 __________

| 比较项目 ⇨ | | | | 相似与不同 |
|---|---|---|---|---|
| 属性 1 | | | | |
| 属性 2 | | | | |
| 属性 3 | | | | |

## 可复制的修正 T 型表模板（A.6）

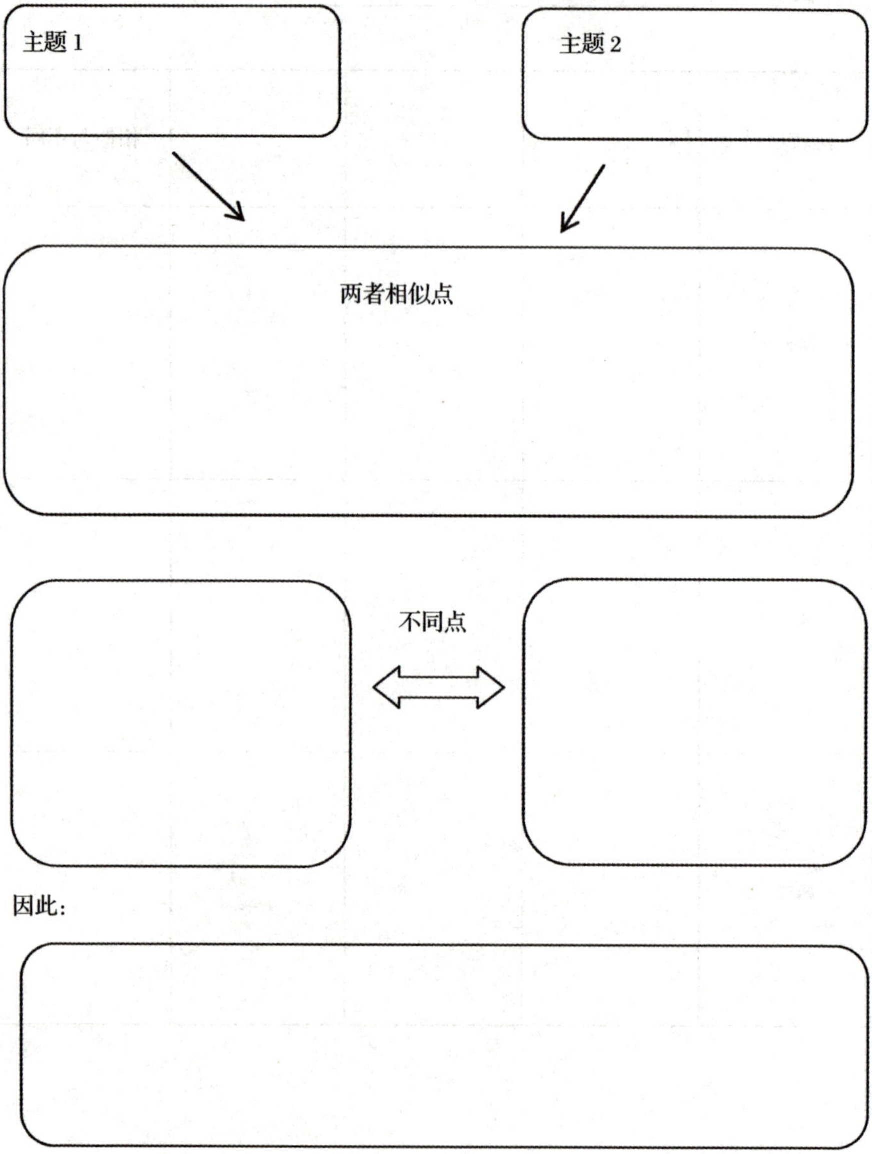

## 分类表（A.7）

| ______<br>类别 1 | ______<br>类别 2 | ______<br>类别 3 |
| --- | --- | --- |
| | | |
| | | |
| | | |
| | | |
| | | |
| | | |
| | | |

## 隐喻与明喻计划表（A.8）

隐喻或明喻：________________

| ____________（元素 1） | 共同特征或主题（归纳） | ____________（元素 2） |
|---|---|---|
| | | |
| | | |
| | | |
| | | |
| | | |
| | | |

# 参考资料

[1]Achieve. (2014). *Next Generation Science Standards*. Retrieved November 25, 2014, from <http://www.nextgenscience.org>.

[2]Annenberg Learner. (2014). *Metaphorically speaking*. St. Louis, MO: Author. Retrieved November 25, 2014, from <http://www.learner.org/workshops/nextmove/metaphor/>.

[3]Bear, D. R., Invernizzi, M., Templeton, S., & Johnston, F.(2007). *Words their way*. Upper Saddle River, NJ: Pearson Prentice Hall.

[4]Buell, J. (2012, July 10). Linking prior knowledge and new content with metaphors [Web log post]. *Inservice*. Retrieved November 25, 2014, from <http://inservice.ascd.org/annual-conference/linking-prior-knowledge-and-new-content-with-metaphors/>.

[5]Chapman, B. (2004, March 16). Conducting the activity. *Classroom Tools*. Retrieved November 25, 2014, from <http://www.classroomtools.com/time_act.htm>.

[6]Clutter, Ann W., & Zubieta, A. C. (2009). Understanding the Latino culture. *Fact Sheet: Family and Consumer Sciences*. The Ohio State University. Retrieved <http://ohioline.osu.edu/hyg-fact/5000/pdf/5237.pdf>.

[7]Common Core State Standards Initiative. (2010a). *Common Core State Standards for English language arts and literacy in history/social studies, science, and technical subjects.* Retrieved November 25, 2014, from <http://www.corestandards. org/ELA-Literacy/>.

[8]Common Core State Standards Initiative. (2010b). *Common Core State Standards for mathematics*. Retrieved November 25, 2014, from <http://www.corestandards.org/Math/>.

[9]Dean, C., Hubbell, E., Pitler, H., & Stone, B. (2012) *Classroom instruction that works* (2nd ed). Alexandria, VA: Association for Supervision and Curriculum Development.

[10]Dickson, S. V., Collins, V. L., Simmons, D. C., & Kame' enui, E. J. (1998). Metacognitive strategies: Instructional and curricular basics and implications. In D. C. Simmons & E. J. Kame' enui (Eds.), *What reading research tells us about children with diverse learning needs* (pp.361–380). Hillsdale, NJ: Erlbaum.

[11]Donn, M.(n.d.). What is figurative language? *Mr. Donn's Social Studies*. Retrieved November 25, 2014, from <http://languagearts.mrdonn.org/figurative.html>.

[12]Gess-Newsome, J., & Lederman, N. (1999). *Examining pedagogical content knowledge*. New York: Springer Science + Business.

[13]Glynn, S. M. (1989). *Teaching with analogies*. Athens: University of Georgia. Retrieved November 25, 2014, from <http://www.coe.uga.edu/twa/PDF/Glynn2008Making Science Concepts Meaningful.pdf >.

[14]Hyerle, D.(1996).*Visual tools for constructing knowledge*. Alexandria, VA:

Association for Supervision and Curriculum Development.

[15]Illustrative Mathematics. (n.d.). *The IM mission statement*. Retrieved November 25, 2014, from <https://www.illustrativemathematics.org>.

[16]iObservation Resource Library.(2013a).*How to use analogies*. Blairsville, PA: Learning Sciences International. Retrieved November 25, 2014, from <https://www. effectiveeducators.com>.

[17]iObservation Resource Library.(2013b). *How to use classifying strategies*. Blairsville, PA: Learning Sciences International. Retrieved November 25, 2014, from <https://www.effectiveeducators.com>.

[18]iObservation Resource Library.(2013c).*How to use comparison strategies*. Blairsville, PA: Learning Sciences International. Retrieved November 25, 2014, from <https:// www.effectiveeducators.com>.

[19]iObservation Resource Library.(2013d). *How to use metaphors and similes strategies*. Blairsville, PA: Learning Sciences International. Retrieved November 25, 2014, from <https://www.effectiveeducators.com>.

[20]Joyce, B., & Weil, M.(2004). *Models of teaching*. Englewood Cliffs, NJ: Pearson Education.

[21]Lazar, G.(2004). *Exploring metaphors in the classroom*. London: Middlesex University. Retrieved November 25, 2014, from <http://www.teachingenglish. org.uk/article/ exploring-metaphors-classroom>.

[22]Marzano, R.(2007). *Art and science of teaching*. Alexandria, VA: Association for Supervision and Curriculum Development.

[23]Marzano, R., Norford, J., Paynter, D., Pickering, D., & Gaddy, B.(2001). *A handbook for classroom instruction that works*. Alexandria, VA: Association for Supervision and Curriculum Development.

[24]Marzano, R., Roy, T., Heflebower, T.,& Warrick, P.(2013).*Coaching Class-*

*room Instruction* (2013) Bloomington, IN: Marzano Research Laboratory.

[25]Marzano, R. J., & Toth, M. D.(2013). *Deliberate practice for deliberate growth: Teacher evaluation systems for continuous instructional improvement*. West Palm Beach, FL: Learning Sciences International.

[26]National Council for the Social Studies. (2010). *National Curriculum Standards for social studies*. Retrieved November 25, 2014, from <http://www.socialstudies.org /standards>.

[27]Northrup, M.(2000). *Multicultural Cinderella stories*. Chicago: American Library Association. Retrieved November 25,2014, from <http://www.ala.org/offices /resources/multicultural>.

[28]Ohio State University website. *Wonders of our World*. Retrieved November 25, 2014, from <https://wow.osu.edu/experiments/Plants/Classification>.

[29]PQ Systems. (1998). *Total quality tools for education (K−12)*, pp.1−10. Miamisburg, OH: Productivity-Quality Systems, Inc.

[30]Reuf, K. (1999). *The Private Eye (5X) Looking/Thinking by Analogy*. Retrieved November 25, 2014, from <http://www.the-private-eye.com/html/abouttpe/Wht4_founders.html>.

[31]Silver, H. F. (2010). *Compare & Contrast: Teaching Comparative Thinking to Strengthen Student Learning*. Alexandria,VA: Association for Supervision and Curriculum Development.

[32]Source domain and target domain.(n.d.).Retrieved November 25, 2014, from <http://www.metaresolution.com/Metaphor/web_axonfiles/sourcetarget.htm>.

[33]Tompkins, G. E.(1998).*50 literacy strategies*. Upper Saddle River, NJ: Merrill/Prentice Hall.

[34]Wikimedia.(2014). *Caricature: Gillray plumpudding*. Retrieved November 25, 2014, from <http://commons.wikimedia.org/wiki/File:Caricature_gillray_

plumpudding.jpg>.

[35]Word Sort Wizard.(n.d.).*Quality educational apps for the classroom*. Retrieved November 25, 2014, from <http://www.wordsortwizard.com/>.

[36]Wormeli, R.(2009). *Metaphors and analogies*. Portland, ME: Stenhouse.

[37]Writing Center.(2014).*Fallacies*. University of North Carolina at Chapel Hill. Retrieved November 25, 2014, from <http://writingcenter.unc.edu/handouts/fallacies/>.